Le basi del Trading

OLIVER GENTLE

Copyright © 2020 Oliver Gentle

Tutti i diritti riservati.

Il contenuto del presente libro non può essere riprodotto, duplicato o trasmesso, se non diversamente permesso attraverso un'autorizzazione scritta da parte dell'autore o editore.

Per nessun motivo si potranno muovere accuse né **responsabilità legali**, direttamente o indirettamente, contro l'editore o contro l'autore, richiedendo risarcimenti per danni o perdite monetarie.

Nota legale:

Il presente libro è protetto dai diritti d'autore. È destinato al solo uso personale. Non è possibile modificarlo, diffonderlo, venderlo, citare o parafrasare alcuna parte, né modificare o diffondere il contenuto, se non diversamente previo il consenso dell'autore o editore.

Dichiarazione di non responsabilità:

Si prega di notare che le informazioni contenute nel presente manuale sono finalizzate al solo scopo istruttivo e di intrattenimento. Tutti gli sforzi sono stati effettuati per fornire indicazioni accurate, aggiornate, affidabili e complete. Nessuna garanzia di alcun tipo viene dichiarata né è implicita. I lettori devono prendere atto del fatto che l'autore non è tenuto a rendere conto di consulenza professionale legale o finanziaria. Il contenuto del presente libro è stato ricavato da diverse fonti. Si prega di consultare un professionista autorizzato prima di provare alcuna delle tecniche descritte nel presente testo.

Leggendo il presente documento, il lettore accetta di non considerare per alcun motivo l'autore responsabile di eventuali perdite monetarie, dirette o indirette, contratte a causa della messa in atto delle informazioni contenute in tale libro, che potrebbe includere errori, omissioni o imprecisioni.

CONTENUTI

1 Capitolo 1:

   Il Trading, condizioni generali

2 Capitolo 2:

   Il Day Trading

3 Capitolo 3:

   Diverse opzioni di Trading

4 Capitolo 4:

   Strategie di Trading

Capitolo 1
Il trading, condizioni generali

Spesso guardare o leggere le notizie sulla finanza potrebbe essere un po' sconfortante. Sembra un altro mondo, un'altra lingua e non si capisce di che cosa stiano parlando, se positivo o negativo. A volte vi sentite quasi stupidi. In realtà non è così, semplicemente non avete abbastanza conoscenza del campo finanziario. Gli esperti di mercati e finanza usano un linguaggio specifico e determinati termini perché questi rendono il loro lavoro più semplice. Grazie a questo linguaggio specifico riescono a comunicare diversi concetti in maniera facile e veloce. Se vi doveste unire a loro, dovreste essere in grado di capire quello che dicono e comunicare con loro in maniera efficace ed efficiente.

Che cosa si intende per trading?

Di base viviamo ormai in una società basata sull'economia, sul mercato e sul commercio. Ogni volta che scambiate un prodotto o un servizio in cambio di qualcosa d'altro, state commerciando, state facendo trading. Per esempio, quando andate al lavoro, state scambiando le vostre abilità e competenze e il vostro tempo in cambio di un salario, che poi userete per acquistare prodotti o servizi. Ogni volta che comprate o vendete qualcosa, state facendo trading. Come potete vedere, il trading avviene ogni qualvolta che qualcuno ottiene o cede qualcosa a un costo che è concordato da entrambe le parti. Il trading nel mercato finanziario è la stessa cosa: i trader acquistano e/o vendono strumenti finanziari per ottenere profitto. Il termine strumento finanziario è usato dal trader e da altri protagonisti del mondo della finanza per riferirsi a tutto quello che può essere commercializzato per ottenere un guadagno. Gli strumenti finanziari comuni sono: azioni, quote di partecipazioni, merci, liquidità, contratti e derivati.

Non preoccupatevi! Quando sentite il termine "trading", pensatelo semplicemente come un termine generale che racchiude tutto quello che può essere acquistato e/o venduto sul mercato. Con il termine "mercato", si intende il moderno mercato degli scambi.

Questo è tutto ciò che c'è da sapere sul trading: è la compravendita di una vasta gamma di strumenti finanziari o beni per ottenere profitto. Se vi suona troppo riduttivo, allora pensate al trading come la compravendita di beni di valore per guadagnare. Infatti, tutto quello che può essere acquistato e/o venduto ha un valore. Ricordatevi che ogni volta che si vende un bene sul mercato, il trading può essere considerato completo solo nel momento in cui qualcun altro lo compra.

Come guadagnare soldi?

Attraverso il trading è possibile fare soldi fondamentalmente in due modi. Il primo è: comprare al ribasso e vendere al rialzo. Questo vuol dire che acquistate un prodotto a un costo più basso rispetto al prezzo a cui lo rivendete; la differenza tra i due importi (quello dell'acquisto e quello della vendita) corrisponde al vostro guadagno finale. Per esempio, se Mark compra un filone di pane a 1€ e poi lo rivende più tardi a 1,50€, avrà ottenuto un guadagno di 0,50€. Tuttavia, qualcuno deve essere disposto a comprare il filone a quel prezzo; infatti, non è Mark che decide il prezzo del pane, ma sono tutte le forze che stanno dietro al mercato a determinarlo.

Nel trading viene applicato lo stesso concetto: comprate un'azione a un determinato costo, aspettate che nel corso del tempo si apprezzi e, quando siete soddisfatti, la potrete rivendere. Nel linguaggio specifico viene definito come "andare lungo". Quindi, se qualcuno dice che Mark è andato lungo sulle azioni di Google, significa che Mark ha comprato le azioni prevedendo che il valore di queste possa aumentare in futuro. Questo comportamento si collega a un altro termine del mondo finanziario che indica la persona che va lungo, ovvero il rialzista.

I rialzisti comprano un'azione, o altri beni finanziari, basandosi sulla previsione che il prezzo di tale azione aumenti nel corso del tempo. Perché lo dovrebbero fare? Perché vogliono guadagnarci, o meglio, sperano di guadagnarci. Dal loro punto di vista, il prezzo attuale dell'azione è un affare poiché sanno che più avanti il valore di questa sarà maggiore e la potranno rivendere per ottenere un profitto. Il mercato al rialzo è un mercato in cui i prezzi continuano a salire. Il termine inglese per definire il rialzista è "bullish", che deriva da "bull" (toro). Il termine infatti richiama l'abitudine dei tori di attaccare con le loro corna dal basso verso l'alto.

Discutendo del mercato al rialzo e dei trader che vanno lungo, potrebbe sembrare qualcosa di familiare perché è più o meno la stessa modalità attraverso cui la maggior parte degli azionisti fanno soldi.

Al contrario, la seconda strategia utilizzata per speculare sul mercato è detta al ribasso, o vendita allo scoperto. Potrebbe sembrare un po' sleale, e invece è una mossa astuta. I trader che vendono al ribasso le loro azioni, sono chiamati ribassisti e agiscono con la previsione che i prezzi delle azioni caleranno in futuro, quindi le vendono. Quello che tipicamente succede è che i prezzi continuano a scendere e i ribassisti, dopo avere rivenduto le loro azioni, comprano la stessa quantità di azioni, ma a un prezzo minore rispetto a quello a cui avevano venduto le proprie, speculando sulla differenza. Se vi può sembrare complicato, vedetela così: pensate sempre a Mark, il ragazzo che ama il pane, che possiede un filone del valore attuale di 1€. Mark vorrebbe guadagnare dal suo pane, ma lo vorrebbe anche mangiare siccome lo adora. Mark capisce che il prezzo del pane è destinato a scendere, così decide di vendere il suo filone al prezzo attuale, che è appunto 1€, ma presto questo precipita e raggiunge il valore di 0,75€. Mark compra di nuovo il filone di pane, questa volta a 0,75€ e, così facendo, oltre a guadagnare 0,25€, ha ancora in mano il suo pane. Furbo no? Un comportamento del genere dovrebbe essere illegale, ma è proprio grazie a questo che, anche quando i mercati crollano, ci sono ancora dei trader in gioco che, commerciando, riescono a speculare. Come potete vedere, i trader approfittano del fatto che i prezzi del mercato cambiano poiché sono volatili. Ora che avete appreso questo, vi potreste chiedere come possono variare i prezzi se ogni volta che si commercia ci deve essere un venditore e un compratore. Questo potrebbe suggerire che ci sia sempre la stessa quantità di domanda e la stessa quantità di offerta. Domanda e offerta hanno un impatto sulla variabilità dei prezzi sul mercato, ma non nella maniera a cui siete abituati. Semplificando, chiamiamo "transazione" ogni negoziazione, perché alla fine di questo si tratta. Ogni azione disponibile sul mercato ha due prezzi: il primo è quello della domanda, mentre l'altro è quello dell'offerta. Il prezzo della domanda è quello a cui un certo numero di azioni vengono vendute: una persona mette un prodotto sul mercato e aspetta che qualcun altro lo compri. È un po' come aprire uno stand per vendere la limonata: una persona apre il proprio stand e deve aspettare che qualcuno venga e compri la sua limonata al prezzo da lei stabilito. Ora, immaginate che sulla stessa strada, vicino al primo stand, ci sia un altro stand di un'altra persona che si mette a vendere limonata. Per essere competitiva, offre la sua limonata a 0,90€, il 10% in meno rispetto alla prima. A questo punto, arriva un altro trader di limonata e si mette a fare lo stesso. Sulla stessa strada ci sono ora tre trader che vendono la propria limonata a prezzi diversi: 1€, 0,90€ e 0,80€ al bicchiere. I clienti si recano allo stand che vende la limonata al prezzo minore, ma il venditore ha solo 100 bicchieri.

Pertanto, vende 100 limonate e guadagna 80€, poi se ne va. I clienti ora vanno a comprare la bibita dal secondo stand, quello che la vende a 0,90€. Il prezzo per un bicchiere è quindi aumentato, non perché la domanda supera l'offerta, ma semplicemente perché non c'è più possibilità di comprarla a un prezzo minore.

A questo punto però vi potreste chiedere perché il primo venditore non abbassa il prezzo del suo prodotto che costa 1€ al bicchiere. Effettivamente potrebbe, ma dipende. Prima possibilità: sa che se abbassa il prezzo oltre una certa cifra, potrebbe rischiare di perdere soldi. Oppure, seconda possibilità: sa che, prima o poi, i clienti che vogliono un bicchiere di limonata non avranno altra scelta se non quella di andare da lui e accettare il suo prezzo. Infatti, nessuno acquisterebbe un bicchiere di limonata oltre un certo costo, a meno che non ci sia un'altra alternativa. Sul mercato ribassista i venditori sono aggressivi, sono molto più competitivi e giocano al ribasso. Ovvero, dal punto di vista dei compratori, vendono a un prezzo più conveniente rispetto alla concorrenza.

Ancora, se i clienti fanno un'offerta al venditore, per esempio due bicchieri al costo di 1,50€ invece che 2€, questo può decidere di accettare. Ma se un compratore vuole colpire gli altri acquirenti, o vogliono comprare più limonata rispetto agli altri, allora devono offrire di più, per esempio 20 bicchieri per 22€ (invece che 20€). Più aggressivi o competitivi sono i compratori e più i prezzi aumentano. Questo succede perché la più alta offerta sarà sempre realizzata dai venditori. Solo quando l'offerta raggiungerà il suo picco, cioè non va oltre una certa cifra, i prezzi inizieranno a calare.

L'opposto accade con la domanda. Un mercato pieno di compratori aggressivi diventa un mercato al rialzo, il che significa che i prezzi salgono. Perché qualcuno vorrebbe pagare di più una limonata (o delle azioni) rispetto agli altri? Le ragioni sono molte e diverse. Forse perché pensano che il valore della limonata possa aumentare in futuro, oppure perché è più pregiata di altre. Oppure, forse perché la desiderano a tal punto che spenderebbero molto di più degli altri acquirenti, oppure perché sanno che poi la potranno vendere a un prezzo ancora più alto. Non importa il perché o il come, l'importante è capire che sul mercato i prezzi continuano a salire e a scendere, non sono mai fissi. Vale la pena notare che nessun trader fa offerte di domanda o offerta; la maggior parte di loro negoziano a prezzi fissi e compravendono al prezzo disponibile al momento. Questo accade semplicemente perché è più facile e più veloce.

Il processo appena descritto succede abbastanza spesso. I fattori che determinano quanto veloce i prezzi cambiano riguardano la velocità con cui vengono effettuate le transazioni: transazioni lente significa che i prezzi si muovono lentamente; al contrario, transazioni veloci e aggressive significa che i prezzi si muovono velocemente. A volte viene emesso un ordine di mercato che cambia i prezzi velocemente e drasticamente e questo avviene perché l'ordine di mercato compra e vende un numero X di azioni al miglior prezzo finché il numero X di azioni non viene esaurito.

Tornando all'esempio della limonata, un ordine di mercato è quando sul mercato si dice che si dovrà vendere limonata al prezzo migliore (più alto) finché non finiranno tutte le unità. Quindi, se rimangono 30 bicchieri a 0,80€, 50 bicchieri a 0,90€ e 10 bicchieri a 1€, secondo l'ordine di mercato verranno venduti e acquistati prima i 10 bicchieri da 1€ l'uno e poi gli altri a prezzo inferiore, facendo così crollare il prezzo del 10% e poi del 20%.

Lo stesso accade al contrario. Un venditore potrebbe voler liberarsi e vendere subito una grande quantità di limonata al prossimo prezzo più conveniente (più basso) secondo il mercato. Pertanto, se l'ordine di mercato dice che bisogna vendere al prezzo più conveniente, verranno venduti prima i 30 bicchieri da 0,80€, seguiti poi dai 50 a 0,90€ e infine verranno venduti i 10 a 1€ l'uno. Questo vuol dire che il prezzo che il prezzo è aumentato del 20%.

A questo punto vi potreste anche chiedere: "Ma chi decide tutto questo?"

Probabilmente, avete la sensazione che comprare al prezzo più alto (se l'ordine di mercato dice questo) potrebbe essere molto più dispendioso rispetto al prezzo normale. Quello che succede è che il prodotto viene venduto al prezzo più alto, o più basso, finché non viene esaurito.

Gli intermediari: i broker

Intraprendendo questo viaggio all'interno del mondo finanziario, sicuramente sentirete parlare degli intermediari, i cosiddetti broker. Questi non sono altro che compagnie che eseguono transazioni per conto dei propri clienti. In cambio, i clienti pagano una piccola tassa o commissione. La relazione tra i trader e i broker è alquanto complicata. I broker possono concedere ai trader, che sono loro clienti, prestiti detti leva (o leva finanziaria).
Ora che avete un'idea generale su che cosa sia il trading e come funzioni, spostiamo l'attenzione sulla pratica del day trading.

Capitolo 2
Il day trading

Quando le persone parlano di trading, quello che intendono è il day trading, che è diventato uno dei metodi più sfruttati.

Il day trading è semplicemente il processo decisionale su vendita e acquisto nel giro di una sola giornata alla fine della quale si spera di ottenere qualche profitto. I day trader guadagnano in base a come i prezzi variano nel corso della giornata e la variazione è risultato delle forze di domanda e di offerta analizzate nel capitolo precedente. Quindi, l'importante è ricordarsi che per day trading si intendono tutte quelle transazioni finanziarie che vengono effettuate dal trader per ottenere un profitto. Alla fine della giornata chiudono le loro negoziazioni e i profitti ottenuti sono il risultato di quanto i prezzi sono cambiati in una giornata. Se non sono cambiati di molto, il guadagno è limitato, rispetto a quello che si ottiene se i prezzi variano di molto. Questo vuol dire che il day trader tenderà a muoversi su mercati i cui prezzi fluttuano di molto in un solo giorno perché le transazioni sono sempre soggette a qualche costo, ovvero a tasse o commissioni e, ovviamente, è necessario fare abbastanza soldi da poter coprire queste piccole spese.

Perché qualcuno vorrebbe diventare un day trader? Semplicemente perché possono trarre vantaggio dal fatto che le loro azioni non vengono influenzate dalle variazioni notturne e perché hanno più accesso alla leva. In parole povere, possono fare più soldi e di conseguenza più affari rimanendo al riparo dagli svantaggi che comporta il trading durante la notte. Infatti, quando si negozia, e lo si fa tanto, si diventa esperti abbastanza in fretta. I day trader spesso hanno ordini di stop limitati, ovvero quando un'azione raggiunge un prezzo massimo oltre il quale non si deve andare per non rischiare ulteriori perdite. Per esempio, un trader potrebbe emettere un ordine di stop al 9%, che dice ai broker o all'intero sistema di vendere l'azione non appena il prezzo scende del 9%. In questo modo il trader perde solo il 9% dell'intero valore dell'azione. Tuttavia, il day trading nasconde anche aspetti negativi, soprattutto per il fatto che è difficile valutare come si muoverà l'azione che sta negoziando in quel determinato giorno se non ha accesso alle giuste informazioni, o se non capisce le ragioni che stanno dietro ai vari cambiamenti. Tuttavia, anche quando capisce come funzione, spesso il mercato non si muove esattamente come aveva previsto.

Come guadagnare soldi

I day trader guadagnano esattamente come è stato descritto in precedenza: vendono a prezzo alto e comparano a un prezzo più basso, oppure, viceversa, vendono a prezzo basso e comparano a un prezzo più alto. Ad ogni modo, spesso i day trader possono anche non guadagnare molto, anzi a volte ci perdono. Tipicamente, passano dal vendere al comprare molto rapidamente, a volte anche nel giro di pochi minuti, altre volte dopo parecchie ore. Questo vuol dire che provano lo stesso principio su diverse negoziazioni nel corso di una giornata; infatti, ne fanno diverse. Ottengono un profitto solo quando arrivano a fine giornata con in tasca più di quello con cui erano partiti, dopo aver tolto piccole perdite, commissioni e altre tasse relative alle varie transazioni. Maggiore è il budget del trader e più soldi può guadagnare.

I mercati

Esistono diversi mercati dove il day trader, o qualsiasi trader, può negoziare. Ognuno di questi mercati si focalizza su specifici assetti finanziari. Dovete tenere a mente che questi mercati tengono conto dei diversi assetti e non delle piattaforme di trading né dei vari spazi.

Le azioni

Le azioni, dette anche titoli azionari, sono una delle risorse finanziarie più comuni e conosciute al mondo. Sono ben note come uno dei più solidi investimenti che è possibile fare sia nel breve, che nel lungo periodo. Su queste è possibile anche speculare e possono essere negoziate sui mercati. Un'azione è una sicurezza che rappresenta il possesso di una parte di una società. Colui il quale possiede l'azione, definito stockholder, ha il diritto di parte del profitto e dei beni della società, che sono proporzionati all'azione che possiede. Questo è quello che si intende quando si parla di partecipazioni. Per esempio, se possedete il 2% dell'azione, avete il diritto al 2% del profitto della società. Le società emettono azioni per guadare soldi e chi compra l'azione automaticamente sta investendo nella compagnia. Questa prende i soldi dalla vendita dell'azione per poter generare prodotti e/o servizi. Vale la pena smentire una leggenda metropolitana che riguarda le azioni: possedere l'azione di una società non vuol dire essere proprietari della società. Di fronte alla legge le società sono equiparate alle persone e questo comporta alcune conseguenze. Innanzitutto, vuol dire che la proprietà della società e tutto quello annesso appartiene alla società stessa. In secondo luogo, la società si comporta come le persone nei limiti della legge: può prendere soldi in prestito, concludere contratti e molto altro. Quindi, le persone che possiedono azioni sono titolari di parte del profitto e non della società. Questo aspetto potrebbe sembrarvi un po' strano, ma bisogna sottolineare che va a limitare la responsabilità sia dell'azionista che della società. Per esempio, se la società va in bancarotta, le legge la considera una persona. Poiché la società possiede se stessa in termini di proprietà e beni, il giudice obbligherà la società a vendere sia la proprietà che i beni, ma non imporrà all'azionista di vendere le sue proprietà personali per pagare i debiti della società. Quindi, i beni personali dell'azionista sono salvi e le azioni rimarranno intatte, anche se non ci sarà più alcun motivo per tenerle dal momento che il loro prezzo potrebbe crollare.

Dall'altra parte però se ad andare in bancarotta è l'azionista, questi non può vendere i beni della società per pagare i propri debiti. La società è salva dalle cattive decisioni finanziarie dei suoi azionisti. Quello che gli azionisti possono fare per pagare i propri debiti è vendere le loro azioni ai creditori. Ora capite perché gli azionisti non possono reclamare la loro parte della compagnia se possiedono delle azioni. Infatti, in qualità di azionisti, non hanno alcun diritto o controllo sulla società poiché non sono i proprietari. Proprietaria è la società stessa che ha diritti sui propri beni finanziari. Gli azionisti che possiedono una partecipazione hanno il diritto di presiedere e votare durante le assemblee, influenzando la direzione decisionale che la società potrebbe prendere.

Più azioni possiedono e più hanno potere all'interno della società. Uno degli aspetti più importanti del possedere un gran quantità di azioni è il fatto di poter influenzare la decisione di acquisto di altre compagnie. Questi azionisti non comprano i beni e altre proprietà che la società possiede, bensì, comprano o la maggior parte delle azioni o tutte le azioni. Con questo ottengono il potere di voto che permette loro di nominare i manager e i dirigenti che vogliono la cui responsabilità è quella di aumentare il valore della compagnia. Quindi, più azioni possiedono, più potere di voto hanno, più controllo esercitano e più profitto avranno alla fine. Rimarrete stupiti nel venire a sapere che la maggior parte delle azioni non pagano i profitti ai loro azionisti. Questi, infatti, reinvestono i profitti nella compagnia stessa per aiutarla a crescere. Se lo ritengono opportuno, le società possono emettere più azioni per raccogliere più fondi. Un'altra cosa che le società possono fare è ricomprare indietro le azioni dagli azionisti. Le azioni vengono negoziate in diversi scambi: la compra-vendita di azioni garantisce profitto ai trader.

Il mercato forex

Il forex è una delle pratiche di trading più popolari. Il mercato forex è il più ampio, con circa tre milioni di euro che passano di mano in mano ogni giorno. Non ha un punto centralizzato e comprende una rete di banche, intermediari, istituzioni e trader. Il mercato forex è l'unico mercato che funziona per 24 ore al giorno, per cinque giorni a settimana, eccetto durante le vacanze. Quindi, che cos'è il forex? Il forex è la compra-vendita di valute nazionali per ottenere un guadagno. Le valute sul mercato forex sono sempre appaiate, nel senso che nel momento in cui comprate una valuta, la state al tempo stesso vendendo. Le più note coppie di valute sono il dollaro statunitense (USD) con il dollaro canadese (CAD) e l'euro

(EUR) con il dollaro statunitense (USD). Questo significa che una valuta si compra con un'altra. Oltre alle coppie, troverete anche il prezzo: se vedete GBP/USD 1,2333, vuol dire che per comprare un pound inglese (1£) servono 1,2333 dollari ($). Se il prezzo della coppia aumenta, si dice che il valore del pound è aumentato rispetto al dollaro perché per comprare 1£ serve più di 1$. Quando si negozia sul mercato forex, si compra un certo numero di valute e quando il prezzo di queste aumenta, le si rivendono. Per esempio, per comprare 1.000£ servono 1.233,30$; poi se dopo l'acquisto il prezzo del pound dovesse aumentare a 1,3$, si potrebbe vendere la valuta per 1.300$. Il profitto sarà la differenza tra 1.300$ e 1.233,30$, ovvero 66,70$. Un day trader compie transazioni del genere diverse volte al giorno, guadagnando da piccoli aumenti di prezzo: a volte perdendo soldi, altre facendone. I forex trader hanno accesso a un conto con margine, ovvero i soldi che gli intermediari prestano loro affinché possano negoziare. Quindi, anche se hanno i contanti per comprare 1.000€ in valuta corrente, possono attingere da questo conto con margine e comprare 5.000€ sempre in valuta corrente, ingrandendo il loro profitto. Questo funziona in ambedue i casi perché anche se perdono soldi, avranno comunque in mano una grossa somma in contanti. In realtà i forex trader non scambiano valute allo stesso modo di chi si reca in un altro paese e compra la valuta locale. Questo perché la speculazione sulle piattaforme forex è puramente elettronica. I forex trader comprano valuta, sperando che si possa apprezzare a loro favore.

Il mercato forex non è regolato da nessun organo o istituzione ed è possibile vendere e comprare in qualsiasi modo a qualsiasi ora del giorno. Inoltre, i vari broker fanno pagare tasse e commissioni in maniera diversa: alcuni addebitano sulle transazioni solo le commissioni, altri invece solo le tasse e altri ancora entrambe. Negli Stati Uniti, il mercato permette una leva finanziaria fino a 50:1, il che significa che i trader possono comprare fino a cinquanta volte la somma che hanno sul loro conto. Questo vuol dire che una persona che possiede 2.000€ sul proprio conto ha la possibilità di comprare 100.000€ di qualsiasi valuta desideri. L'ammonto della leva offerta dagli intermediari potrebbe però variare.

I contratti futures

I futures sono accordi o contratti che obbligano le parti che sottoscrivono il documento a comprare o vendere un bene a un prezzo predefinito, indipendentemente dal valore di quel determinato bene sul mercato in un determinato periodo. Le opzioni sono spesso contrapposte con i contratti futures (le opzioni verranno trattate più nel dettaglio nel capitolo successivo). Sui mercati basati su contratti futures c'è un'alta leva finanziaria, il che vuol dire che quando firmano un contratto, devono solamente coprire una piccola parte del costo, mentre i broker copriranno il resto. I contratti futures sono spesso siglati per bloccare il prezzo di un prodotto, sebbene possano essere speculati sul mercato. Chi firma un future spera che i sottostanti prezzi degli attivi aumentino in futuro; comprano il bene al prezzo predefinito dal contratto e poi lo rivendono sul mercato al prezzo del mercato, che è più alto, guadagnando un profitto. Immaginate di sottoscrivere un contratto future per le attività dell'azienda Lemonade Inc.; usate queste attività per comprare 100 azioni a 10€ l'una prima della fine del mese. Questo vuol dire che avete un accordo per cui potete comprare, entro 30 giorni, 100 azioni a 10€ l'una fino alla fine del mese. Alla data di scadenza, avrete speso 1.000€ nelle azioni di Lemonade Inc. Ma perché questo? Immaginate che alla data di scadenza il prezzo di una singola azione della Lemonade Inc. sul mercato borsistico sia di 15€, improvvisamente vi ritrovate in un'ottima posizione. In questo modo potrete comprare 100 azioni a un prezzo inferiore rispetto al valore di mercato, ed è effettivamente uno sconto. Invece di spendere 1.500€ per 100 azioni, ne dovrete spendere solo 1.000, risparmiando 500€. Il bello non finisce qui. In seguito, potrete vendere la stessa quantità di azioni (100) al prezzo corrente sul mercato, guadagnando 500€. Questo è geniale. Chi emette l'opzione per guadagnare, aspetta che il prezzo di una singola aziona di Lemonade Inc. cali sotto i 10€. In questo caso, dovrete pagare cento azioni per un importo maggiore rispetto al prezzo sul mercato corrente. Questo vuol dire che chi emette l'opzione guadagnerà più soldi.

I trader possono anche firmare contratti futures a breve termine, se pensano che il prezzo dei beni sottoscritti rischi di crollare. In questo caso il calo del prezzo va a loro favore. I contratti futures sono anche utili per altre ragioni finanziarie; infatti, possono bloccare il prezzo del prodotto così da prevenire perdite se il prezzo dovesse crollare in futuro sotto una certa soglia. Per esempio, potrebbe essere nell'interesse dei produttori di petrolio bloccare il prezzo a 50€ al barile. Se il prezzo dovesse calare sotto tale importo, sarebbero protetti e potrebbero vendere numero X barili al prezzo fisso di 50€, senza subire ulteriori perdite. Il day trader si serve dei contratti futures per terminare un affare entro la fine della giornata, e non oltre. Solitamente scelgono mercati con un'alta volatilità, ovvero mercati in cui i prezzi cambiano di continuo, a volte anche in maniera drastica, permettendo ai trader di ottenere profitti.

I mezzi a disposizione del day trader

I day trader si servono di piattaforme di trading per i loro affari. Le piattaforme di trading sono software usati apposta per questa attività di speculazione e sono anche importanti per aprire e chiudere affari. Spesso sono programmate dagli intermediari in cambio di fondi. Quando un day trader cerca una piattaforma, solitamente ne sceglie una vantaggiosa, ma a tassi ridotti. Sulla piattaforma i trader possono monitorare i loro conti ed emettere ordini. Spesso ottengono quotazioni e notizie in tempo reale, grafici e altri strumenti di ricerca necessari. Alcune piattaforme sono fatte su misura per specifici mercati, che siano mercati di valute, di azioni, di opzioni o futures. In generale le piattaforme principale sono essenzialmente due: le piattaforme prop e quelle commerciali.

Le piattaforme commerciali sono rivolte agli investitori al dettaglio e ai day trader. Sono semplici da usare e presentano vantaggi utili per i bisogni e per raggiungere gli obiettivi fissati dai day trader. Al contrario, le piattaforme prop sono per gli intermediari e sono fatte per aiutarli a raggiungere le loro esigenze e i loro scopi. I day trader necessitano di piattaforme di trading di Livello 2 e altri strumenti che permettono una conoscenza generale dei mercati. Questo permetterà loro di prendere le migliori decisioni e attuare le strategie più vantaggiose per investire nel modo giusto. Idealmente, quello che vorrebbe un trader è una piattaforma che abbia funzionalità prestanti ed efficienti, ma versando i tassi più bassi possibile. Tuttavia, anche se i tassi di una determinata piattaforma fossero i più bassi, ma le funzionalità fossero scarse, non andando incontro alle sue esigenze, sicuramente il trader non la userebbe. Bisogna sottolineare che alcune piattaforme di trading non sono associate ad alcun intermediario. Questo sarebbe l'ideale per qualsiasi trader esperto che preferisce essere libero di negoziare e avere più controllo sulle transazioni senza intermediari.

Essendo principianti, sarebbe meglio scegliere una piattaforma che vada incontro ai vostri bisogni e obiettivi. Qualsiasi sia la piattaforma di trading che andrete a usare, dovrete assicurarvi di avere sempre sul vostro conto una certa somma di denaro, che vi possa permettere di negoziare in totale sicurezza. Infatti, se tale somma dovesse scendere oltre una certa soglia, non avreste più la possibilità di accedere al vostro conto con margine.

Tipi di ordine

Un ordine è un'istruzione che dice al vostro broker di comprare o vendere un bene finanziario secondo alcune specifiche. Esistono diversi tipi di ordine perché questi definiscono la maniera o le condizioni in cui dovrebbero avvenire determinate transazioni di compravendita. Più avanti verranno esaminati i vari tipi di ordini. Basterà posizionare un ordine tramite una chiamata o attraverso la piattaforma online. I vari tipi di ordine richiedono specifici comportamenti di come e quando prendere decisioni su acquisto e vendita, possono portare a grandi profitti, ma a volte comportano anche delle perdite. Comunque, alla fine, il trader è una persona con una specifica visione e uno specifico piano in mente per raggiungere i propri obiettivi, quindi, sapere quali sono i diversi tipi di ordine e quali effetti comportano è cruciale per essere un trader di successo. Quando si acquista un bene finanziario di qualsiasi tipo, i trader dovrebbero essere chiari nel momento in cui negoziano: devono controllare nel migliore dei modi i propri affari e non trovarsi mai impreparati. Questo suggerisce che ogni negoziato di successo ha tre passaggi fondamentali. Per esempio, un trader deve posizionare un ordine per comprare un'azione a un determinato prezzo e per entrare così nel giro d'affari. Una volta inserito l'ordine per vendere un'azione, lo deve poi tenere sotto controllo. Per uscire dal giro, può decidere di vendere l'azione al prezzo migliore per ottenere il maggior profitto. La scelta del tipo di ordine dipende dalla situazione, dall'azione e dagli obiettivi che il trader vuole raggiungere.

Ordine a mercato vs Ordine a limite

Un ordine a mercato consiste nel comprare o vendere azioni il più velocemente possibile, dà priorità alla velocità e non al prezzo. Gli ordini a limite, invece, danno la priorità al prezzo e non alla velocità, come è stato discusso nel primo capitolo. Ogni transazione coinvolge un acquirente e un venditore, mentre i vari cambiamenti all'interno del mercato sono controllati da domanda e offerta. Un ordine a mercato è quell'ordine in cui si compra e si vende al prezzo migliore disponibile sul mercato corrente. Potete emettere un ordine a mercato per iniziare o terminare una negoziazione. Degli ordini a mercato è stato discusso ampiamente in precedenza. Se effettuate un ordine a mercato di acquisto per 300 azioni e le offerte correnti per le azioni sul mercato in cui state negoziando sono 2€, 1,5€ e 1€, l'ordine inizierà a vendere le azioni al prezzo di 2€. Se tutte le azioni disponibili in questa fascia di prezzo finiscono, l'ordine si muoverà sul secondo prezzo. Dopodiché, una volta vendute 200 azioni, alcune a 2€ e altre a 1,50€, si inizierà a vendere quelle da 1€. Nello stesso momento, vengono emesse online nuove azioni per 3€. L'ordine a mercato permetterà di comprare le azioni rimanenti a questo prezzo elevato, anche se, in contemporanea, altre 100 saranno disponibili a un prezzo notevolmente minore. Si raccomanda ai trader di verificare sempre la domanda e l'offerta per tali azioni prima di emettere un ordine a mercato per evitare di spendere più soldi di quanto non si aspettano. Un ordine di mercato venderà le azioni al prezzo più basso e si farà strada verso il prossimo prezzo disponibile. Come potete vedere, la parsimonia non è componente degli ordini a mercato poiché cercano di riempire un ordine il più velocemente possibile a qualsiasi prezzo.

Gli ordini a limite sono istruzioni di acquisto o di vendita di strumenti finanziari a un prezzo specifico. Esistono diversi tipi di ordine a limite, ma si dividono essenzialmente in due categorie: ordine a limite di acquisto e ordine a limite di vendita. Gli ordini a limite di vendita dicono al broker di vendere i beni finanziari a un determinato prezzo e il trader non venderà le sue azioni finché queste non raggiungeranno, o supereranno, quel determinato prezzo. Quando viene emesso un ordine a limite di vendita, entra nel mercato e diventa visibile agli altri trader. Se un trader accetta questa offerta, allora l'ordine potrebbe essere riempito, oppure potrebbe essere riempito anche quando il prezzo di mercato si muove verso il prezzo del trader. Tuttavia, non c'è garanzia che l'ordine venga riempito. Quindi, quello che l'ordine limite fa è assicurare al trader il controllo sul prezzo a cui stabilisce l'ordine.

Al contrario, si ha un ordine a limite di acquisto quando un trader non compra beni finanziari finché questi non raggiungono il prezzo specifico del mercato, o meno.

Per esempio, se un trader emette un ordine a limite di vendita sulle azioni dell'azienda Lemonade Inc. per un prezzo di 2€ l'una, venderanno le azioni solo se raggiungono un prezzo di 2€ o più. Finché il prezzo rimane sotto i 2€, l'ordine non viene soddisfatto. Invece, quando un trader emette un ordine a limite di acquisto sulle azioni dell'azienda Lemonade Inc. per un prezzo di 1,50€, vuol dire che non comprerà le azioni della Lemonade Inc. finché rimangono sopra 1,50€. Quindi, quando il prezzo delle azioni raggiunge 1,50€, o meno, l'ordine potrebbe essere riempito e soddisfatto tanto da comprare le azioni della Lemonade Inc.

Gli ordini stop

Gli ordini stop sono ordini che si attivano solo nel momento in cui i beni finanziari superano una certa cifra. Quando questo accade, l'ordine a stop si converte poi in un ordine a mercato cosicché le istruzioni, che sia di acquisto o di vendita, possano essere eseguite velocemente. Il prezzo è definito prezzo di stop. Gli ordini stop sono molto comuni sui mercati che hanno un alto livello di volatilità, come i mercati forex e delle criptovalute.

L'ordine di stop-loss

Un ordine di stop-loss viene attivato automaticamente quando un ordine crolla sotto un certo prezzo limite. Questo avviene per limitare le perdite in cui possono incorrere i trader che investono. È un modo per il controllo dei rischi. Per esempio, immaginate di comprare le azioni della Lemonade Inc. a 1€ l'una, prevedendo che il prezzo aumenti di un altro euro, ma poiché non avete intenzione di perdere più di 0,20€ se il prezzo delle azioni dovesse crollare, decidete di emettere un ordine stop-loss di 0,80€ per azione. Quando il prezzo raggiunge questa cifra, venderete le azioni per evitare qualsiasi perdita che vada a vostro discapito. L'unico svantaggio dell'ordine di stop-loss si ha quando uno stock di azioni cade, ma subito dopo aumenta vertiginosamente, perdendo così l'opportunità di guadagnarci. Non importa quanto velocemente avvenga il crollo e la successiva ripresa: anche se il prezzo cade per un secondo, il profitto viene perso.

Comprare un ordine stop

Alcune azioni seguono uno schema prevedibile. Questo vuol dire che hanno un floor, che indica in che maniera crollano e con quale regolarità, e un tetto, che indica quanto possono aumentare di valore. Possono fare così per giorni, settimane, o anche mesi; è come una danza. Spesso però accade qualcosa di fantastico: il prezzo delle azioni aumenta talmente tanto da rompere il tetto e, continuando a salire, causa il breakout (quando un indicatore si discosta dal suo trend). I rialzisti vogliono tenere d'occhio questo trend e trarre da questo qualsiasi vantaggio il prima possibile. I rialzisti solitamente comprano uno stock di azioni al prezzo appena sotto il tetto massimo e più tardi le rivendono non appena il breakout ha raggiunto il prezzo desiderato. Per trarre vantaggio da questo fenomeno, il breakout, nel momento giusto, i trader emettono un ordine stop, che si attiva nel momento in cui il valore delle azioni sorpassano una certa soglia di prezzo. Quando questo succede, il trader compra un numero X di azioni sul mercato. Dopodiché, emette un ordine di stop-loss al posto dell'ordine stop per evitare di soffrire perdite di oltre una certa cifra se i prezzi dovessero iniziare ancora a crollare drasticamente.

Torniamo all'esempio della società Lemonade Inc. Notate che le azioni della Lemonade Inc. crollano a un floor di circa 0,70€ e subito dopo aumentano fino a un tetto di circa 1,30€. Tuttavia, non sono mai aumentate oltre questa cifra negli ultimi mesi. In base ad alcune informazioni che avete raccolto, prevedete che il prezzo delle azioni subirà un breakout. Può darsi che la Lemonade Inc. sia sul punto di lanciare un nuovo fantastico prodotto che andrà a migliorare i profitti dell'azienda. Pertanto, anticipando il breakdown, emettete un ordine stop di acquisto per comprare 200 azioni della Lemonade Inc. a un costo di 1,35€ l'una. Il prezzo delle azioni raggiunge 1,35€ e sembra che continui a crescere, quindi confidate nel fatto che raggiungerà anche 1,50€ per azione. Tuttavia, siccome volete stare tranquilli, ovvero non volete perdere nulla in caso di crollo improvviso del prezzo delle azioni, emettete un ordine di stop-loss di 1,40€ per ciascuna azione. Lo stock di azioni sale a 1,50€, ma subito precipita velocemente e quando questo accade, ottenete 0,05€ di profitto per ogni azione prima del crollo a 1,40€. Se lo stock si è stabilizzato sopra 1,40€, potreste decidere per quanto tempo stare con questa cifra, oppure potreste decidere di vendere le azioni. Questo tipo di strategia potrebbe essere difficile da realizzare se non fosse per la natura stessa degli ordini stop perché, nel mondo reale, i trader devono monitorare spesso più di una negoziazione. Il sistema che state usando vi potrebbe aiutare nel fare alcuni passaggi al posto vostro, rendendo il lavoro e l'affare più facile.

Alla fine è tutta una questione di strategia

Una delle cose più importanti da ricordare riguardo il trading è che state negoziando in un mercato in cui agiscono anche altre persone. Tutti gli umani sono uguali: hanno punti di forza, ma anche di debolezza, possono sbagliare e arrivare a dei punti ciechi. Questo è un mercato psicologico e questa psicologia può influenzare le prestazioni di mercato o quello che potrebbe accadere dopo. I day trader sono sempre sintonizzati, seguono le notizie e quello che succede nel mondo per fare delle previsioni su come potrebbero andare i mercati. Quindi sarebbe opportuno essere al corrente di tutte queste questioni. Ci sono trader che commerciano per avidità, nel senso che hanno talmente tanto bisogno di fare soldi che sono pronti a prendersi responsabilità e rischi che nessuno avrebbe il coraggio di prendere. Ma ci sono anche persone terrorizzate le cui strategie di trading sono caratterizzate dal bisogno di evitare il rischio, anche se un minimo di rischio è necessario per fare soldi. Quindi, queste persone guadagnano veramente molto poco.

I trader avidi compiono una serie di strategie che comportano numerosi rischi, possono magari inserirsi in mercati o investire in uno stock che conoscono poco, ma il cui prezzo continua a salire. Il problema è che le ragioni per cui il prezzo sale sono ignote, magari sono superficiali e arbitrarie, oppure sono il risultato di una serie di eventi che non hanno a che vedere con il bene finanziario. I trader ben informati sui beni e sugli strumenti finanziari conoscono altrettanto bene quanto rischio questi comportano, oppure come trarre vantaggio da una situazione rischiosa. I trader avidi si espongono al rischio, a volte anche senza motivo, spesso compiendo negoziazioni altamente rischiose basandosi solo sulla loro percezione e sul loro istinto per prevedere i profitti che potrebbero ottenere. Questo andrebbe bene, ma sono esposti a una maggior perdita di capitale. D'altro canto, questi trader sanno che le azioni che hanno acquistato garantiranno loro un profitto, ma dovrebbero altrettanto sapere quando arriva il momento di chiudere un affare.

La paura ci rende più cauti di quanto non dovremmo. Un trader timoroso, quando ha il sentore che qualcosa non sta andando molto bene, chiude i propri affari subito in maniera molto veloce, ovvero vende tutto a tutti i costi. Questo viene definito "panic selling" (la vendita guidata dalla paura) e si manifesta quando gli investitori sono in preda al terrore. Quando paura e incertezza imperversano, i mercati tendono al ribasso; al contrario, quando a imperversare sono confidenza e brama di denaro, i mercati tendono al rialzo. L'ideale sarebbe stare nel mezzo, essere calmi e agire in una maniera appropriata alla situazione del mercato. Come farlo? Il seguente elenco è la risposta: si tratta di una lista di doti e caratteristiche che un trader deve avere per evitare di essere vittima di quei due estremi. Pensate a queste caratteristiche come a delle abitudini per essere un trader si successo.

Conoscere il mercato

Dovete essere ben informati sia sul bene finanziario che andrete a negoziare, sia sul mercato in cui agite, ma prestate attenzione anche ai fattori che influenzano tale mercato. Per esempio, se avete intenzione di investire in uno stock di azioni di un servizio di streaming, dovete stare attenti a quei fattori che portano i servizi di streaming a guadagni maggiori, per esempio l'aumento del tempo libero durante le vacanze o per eventi importanti. Questi fattori potrebbero andare a influenzare l'interesse che potreste avere in un prestatore dal quale siete intenzionati a comprare delle azioni. Le notizie che popolano gli show televisivi, che verranno ricavati dal vostro servizio di streaming, potrebbero influenzare il valore delle azioni.
Quindi, prima di intraprendere e di impegnarvi in un negoziato, studiatelo e pianificatelo bene. Se avete già delle conoscenze su un particolare mercato, sarebbe meglio iniziare proprio da quello. Mentre operate in questo, cercate di trarre vantaggio da qualsiasi notizia finanziaria che potete ricavare da una vasta gamma di risorse disponibili. L'ambiente del mercato è notevolmente sofisticato; pertanto, prendetevi il tempo necessario per capire come funziona l'intero meccanismo, per vedere quali leve spingono altre leve e come queste vanno a influenzare realmente i prezzi di mercato. Molti sono i fattori che influenzano i vostri affari e le vostre negoziazioni, come le politiche mondiali o i trend dei mercati.

Avere una strategia

È importante evitare il più possibile capricci e non affidarsi troppo all'istinto quando negoziate. Dovete avere una strategia per entrare in un mercato, controllare il rischio e uscire dopo aver guadagnato un profitto. Applicate tale strategia e, se non dovesse funzionare, modificatela o abbandonatela. Quando la correggete, non cambiatene solo una piccola parte, ma cercate di mettere giù un piano strategico di trading migliore. Cercate sempre di imparare dagli errori.
Nel quarto capitolo, verranno esaminate alcune strategie che potrete attuare con riguardo alle specifiche opzioni di trading. Tenete a mente che il trading non può essere considerato come un hobby che fate per puro divertimento, ma è un'attività seria come qualsiasi altra attività di affari, anche se part-time. Quindi, partite dal fatto che si tratta di business in tutto e per tutto e per questo avrete giorni sì e giorni no. Ci saranno costi, tasse da pagare, perdite, guadagni, rischi e richieste. Iniziate la vostra esperienza di trading con una strategia ben studiata.

Sfruttare al Massimo gli strumenti a disposizione

Cercate sempre di beneficiare degli strumenti e delle informazioni che meglio si addicono al vostro approccio al mercato e al trading. Una volta trovata una piattaforma ideale, dedicate un po' di tempo nell'esplorarla a fondo, scoprendo i diversi vantaggi che offre. Magari all'inizio fatevi aiutare da qualcuno che ne capisce qualcosa, così potrete sfruttare al massimo la vostra piattaforma e i diversi strumenti, utilizzando tutte le tecniche che vi verranno insegnate; cercate di imparare il più possibile così da raggiungere i vostri obiettivi. Altrimenti, sarebbe come possedere un cellulare costoso, ma non essere in grado di mandare messaggi, di chiamare e fare foto. Che senso ha comprare qualcosa con diversi accessori avanzati se poi non si utilizzano? Gli strumenti offerti dal trading sono sofisticati, a volte complessi e un po' intimidatori, ma di certo non sono impossibili da utilizzare. Infatti, questi strumenti non sono stati creati con l'intenzione di mettervi in difficoltà. Anzi, sono stati creati per rendere il tutto più semplice, concedendovi più potere e controllo. La competenza in quest'area e tutte le varie tecnologie verranno poi trasferite nel mercato affaristico reale.

Siate pazienti

Non aspettatevi di fare tutto giusto fin dall'inizio (potrebbe accadere, ma è raro). Potrebbe esserci una curva di apprendimento ripida sia in termini di entrate che di uscite, nel senso che potreste guadagnare molto, oppure subire anche gravi perdite. Ma non scoraggiatevi, andate avanti. L'importante è avere soprattutto una visione a lungo termine, poiché ci vorrà un po' di tempo prima di essere in grado di muoversi come dei veri professionisti. È esattamente come imparare a suonare uno strumento: di certo all'inizio non sarete in grado di suonare *Stairway to Heaven* di Led Zeppelin, ma sicuramente migliorerete con il tempo e con la pratica. Pensate al trading come una nuova esperienza, come qualcosa di nuovo da imparare. Infatti, se fosse facile come bere un bicchiere d'acqua, allora saremmo tutti degli esperti.

Usare il denaro a disposizione

Vi potreste chiedere che cosa significa; tutti i soldi che sono a disposizione di qualcuno sono utilizzabili, giusto? Sicuramente, ma non dovreste spendere nel trading quei soldi che avete risparmiato e che servono per altre cose, per esempio per le bollette. Usate il denaro che sapete di avere in più, non quello dei vostri figli e non chiedete un prestito alla banca. Non è così che funziona e anche i veri esperti non mischiano i soldi che usano per vivere con quelli che impiegano per i loro affari finanziari. Altrimenti, potreste incorrere in cattive abitudini. Per risparmiare soldi da usare nell'attività di trading, dovreste attingere dal vostro gruzzolo che avete apposta tenuto da parte. E, se desiderate veramente iniziare il trading, allora forse dovrete rinunciare a qualche uscita serale, o anche alle vacanze.

L'ordine di stop-loss

Non dimenticatevi di ricorrere agli ordini di stop-loss quando negoziate. Come sempre, dovete calcolare quanto pensate di guadagnare da una trattativa che avete intenzione di iniziare. Calcolate le tasse, le commissioni e le possibili permute delle valute. Poi potete iniziare. D'ora in poi sapete quale potrebbe essere lo scenario peggiore, pertanto, dovete emettere il vostro ordine di stop-loss così da rischiare di perdere solo quello che vi potete permettere nel caso l'affare non dovesse andare a buon fine. Ricordatevi sempre che se dovesse andare male solo un affare, non vorrebbe dire rinunciare a tutto. Ad ogni modo, non puntate tutti i vostri soldi su un unico affare, ma su più negoziazioni, assicurandovi di poter e saper gestire i rischi di queste. Il gioco del trading si vince quando i profitti sono maggior delle spese: questo dovrebbe essere il vostro scopo. Quindi, state molto attenti ai numeri.

Usare la regola dell'1%

Questa regola protegge i trader dal rischio: in parole povere, è una strategia di gestione del rischio. Ce ne sono varie online e potete impararle tutte. Tuttavia, la regola più comune è quella che dice che non dovreste spendere mai più dell'1%, o del 2%, del vostro conto per un affare. Per esempio, se avete 100.000€ sul vostro conto, dovreste spendere tra i 1.000€ e i 2.000€ per un unico affare. Questa regola deve essere sempre tenuta a mente perché vi permette di variare facilmente senza pensare troppo a quello che state facendo. È anche facile da ricordare.

L'ordine di take-profit

L'ordine di take-profit è molto simile a quello di stop-loss, tranne per il fatto che è automatico. Questo ordine permette al trader di vendere delle azioni quando queste raggiungono una certa somma prima che il loro prezzo crolli di nuovo. Questo ordine è particolarmente utile quando le azioni in cui avete investito vi garantiscono un profitto che secondo voi e per i vostri bisogni è piuttosto redditizio, ma non sapete per quanto possa tenere quel prezzo e quindi non volete rischiare di perdere soldi.

Capitolo 3
Diverse opzioni di trading

In questo capitolo, vengono descritte tutte le abilità necessarie e utili che vi potranno aiutare a gestire tutte le varie opzioni del day trading. Quindi, questa è la parte più cruciale dell'intero libro e, difatti, tutti i capitoli precedenti erano necessari per arrivare a questo punto. Iniziamo.

Quali sono le opzioni?

Un'opzione è un accordo sotto forma di contratto che permette a un trader di comprare o vendere un bene finanziario a un determinato prezzo per un determinato periodo di tempo. Se non avete capito, non vi preoccupate, c'è abbastanza tempo per spiegarvi tutto nel dettaglio. Per il momento, quello che basta tenere a mente è che le opzioni sono accordi.
Esistono due tipi di opzioni: opzioni call (di acquisto) e opzioni put (di vendita). Le opzioni call sono dei contratti per

comprare beni finanziari durante un determinato periodo di tempo e a un certo prezzo, che viene chiamato prezzo di esercizio, o prezzo di base.

Le opzioni put sono dei contratti per vendere beni finanziari a un prezzo di esercizio durante un determinato periodo di tempo. La somma di denaro pagata per un'opzione è definito premium.

Qui di seguito vengono presentati alcuni esempi di come appare un'opzione. I contratti d'opzione vengono spesso stipulati su 100 azioni, quindi, un investitore potrebbe comprare un'opzione delle azioni di una certa compagnia X per un prezzo di 27€, che scadrà il terzo venerdì del mese (questo è il tipico giorno in cui scadono le opzioni negli Stati Uniti). I soldi che l'investitore paga per le opzioni gli permettono di vendere o comprare le azioni sottoscritte a un certo prezzo e questo non vuol dire che diventa proprietario delle azioni. Quindi, l'investitore dovrà pagare un contratto per vendere o comprare il bene sottoscritto prima della data di scadenza.

Sicuramente siete curiosi di sapere perché alcune persone fanno così e nelle prossime sezioni vi verrà spiegato il motivo.

Per ora avete appreso tre cose:

- Le opzioni sono contratti o accordi.
- Le opzioni hanno una durata e quindi una data di scadenza.
- Le opzioni permettono ai trader di comprare e vendere le azioni sottoscritte, ma non le possiedono, cioè, non sono di loro proprietà.

Opzione call (di acquisto)

Un'opzione call è un accordo che permette di comprare uno stock di azioni, di solito da 100 azioni, a un prezzo di esercizio, o di base. Il writer, colui che vende le opzioni e che solitamente è quello che le possiede, stabilisce il prezzo premium, ovvero il prezzo dell'opzione. Il writer tiene in considerazione il valore corrente delle azioni, il tempo rimasto da lì alla data di scadenza e altri fattori per determinare il premium. Il writer vende le opzioni per accumulare ingressi extra su uno stock che possiede e per altri motivi, come la gestione fiscale. Quello che spera è che l'opzione call scada nel momento in cui non sia più di alcun valore, così da non perdere soldi e per accumulare in qualche modo il premium. Facciamo un esempio. John possiede 100 azioni, del valore di 1€ l'una, della Lemonade Inc.
John vuole ottenere da queste azioni un ingresso extra e quindi sottoscrive un'opzione call per 100 delle sue azioni a 0,20€, con un prezzo base di 1,10€ fino al terzo venerdì del mese. 0,20€ moltiplicato per 100 dà 20€, così John accumulerà 20€ dal prezzo premium. John si è concordato con l'acquirente che ha comprato l'opzione call e a cui ha intenzione di vendere le azioni per 110€. John spera che il prezzo del suo stock di azioni non aumenti sopra i 110€ perché se dovesse accadere, perderebbe i soldi e la persona che gli ha

comprato l'opzione call potrebbe acquistare le azioni a un prezzo scontato. L'acquirente potrebbe poi rivendere quelle azioni a un prezzo maggiorato, speculandoci sopra. Questo accordo rimane in vigore fino alla data di scadenza. Se le azioni della Lemonade Inc. rimangono stabili sotto 110€, John otterrà 20€, senza rimetterci.

Mark vorrebbe comprare l'opzione. A differenza di John, Mark crede che il prezzo dello stock delle azioni di John aumenteranno sopra i 110€. Quindi, compra da John l'opzione call per 20€ e, dopodiché, giorno dopo giorno, controlla come si muovono le azioni. Se il prezzo di queste precipita, Mark non eserciterà la sua opzione call e sarebbe meglio per lui comprare lo stock al prezzo corrente di mercato, rispetto al prezzo segnato sul contratto. Ora, se il prezzo dovesse aumentare a 1,20€ per azione, quindi 120€, Mark si troverebbe in una posizione vantaggiosa poiché potrebbe comprare le 100 azioni per 110€ e John dovrebbe vendergliele a questo prezzo. Mark potrebbe poi rivendere lo stock sul mercato, o di nuovo a John al prezzo corrente di mercato, che è appunto 120€. Come avete notato, Mark ha speso 20€ per l'opzione call e ha avuto indietro solo 10€. Quindi, il prezzo deve cambiare abbastanza per far sì che l'ordine garantisca un profitto, dopo aver tenuto in considerazione tutte le tasse. Comunque, Mark ha comprato un'opzione call per 20€ che gli permette di comprare 100 azioni della Lemonade Inc. per 110€, prima della data di scadenza. Due settimane dopo, il prezzo della singola azione della Lemonade Inc. sale a 1,20€, quindi 120€ per 100 azioni. Mark usa il suo ordine call e compra 100 azioni per un valore di 110€, quando il valore effettivo delle azioni sarebbe dovuto essere di 120€. È un bel risparmio! Mark vende quelle stesse azioni al prezzo di mercato, che è 120€. Con tale operazione guadagna 10€, ma considerando che ha pagato 20€ per l'opzione, Mark ha in realtà perso 10€. Se Mark avesse pagato l'opzione call 10€, avrebbe chiuso in pari, se invece il prezzo fosse salito oltre il prezzo premium che ha pagato per l'opzione call, avrebbe guadagnato un profitto.

Se il prezzo delle azioni della Lemonade Inc. dovesse aumentare sopra 110€ dopo la data di scadenza, il contratto non verrebbe applicato. Questo vuol dire che Mark non dovrà comprare le 100 azioni al prezzo di base e che dovrà pagare lo stesso prezzo di chiunque altro. I trader come Mark sono rialzisti poiché credono che il prezzo aumenti. Ovviamente, le opzioni call nella vita reale non costano così tanto, ma funzionano allo stesso modo.

Opzione put (di vendita)

Le opzioni put sono accordi per vendere un bene finanziario a un prezzo fisso, il prezzo di esercizio, dentro un determinato periodo di tempo. L'altro modo per pensare alle opzioni put è vederle come delle assicurazioni. Per esempio, se pagate 150€ al mese per l'assicurazione della vostra macchina, il fornitore dell'assicurazione accumulerà un prezzo premium di 150€. La maggior parte delle volte, non succede nulla, prende i vostri soldi e se li tiene. L'accordo prevede che in caso di danni, la vostra assicurazione pagherà per questi al vostro posto. Questo è il premium.

Le azioni della Lemonade Inc. sono la vostra macchina, mentre l'opzione put è l'assicurazione. Voi pagate un premium per le azioni cosicché, se il prezzo di questo stock dovesse crollare sotto una certa cifra, chi compra le azioni da voi le pagherà al prezzo di esercizio. Per esempio, le azioni della Lemonade Inc. valgono 1.000€, 10€ l'una, e voi comprate un'opzione put per un prezzo premium di 30€ (ovvero 0,30€ per azione), mentre il prezzo di esercizio è di 9,90€ per ogni azione. Se il prezzo dell'azione dovesse calare da 9,90€ a 9,80€, l'emittente dell'opzione put dovrebbe comprare ogni azione a un prezzo di 9,90€, invece che al prezzo corrente di mercato. Dopodiché, potete ricomprarle e se volete vendere lo stock allo scoperto, quindi venderle a un prezzo più alto di quello a cui le avete comprate. Se prevedete che il prezzo di mercato continuerà a calare, potete continuare a rimandare l'esercizio della vostra opzione put finché non sarete sicuri di poter fare più soldi. Se il prezzo cala oltre il prezzo di base delle vostre azioni dopo la data di scadenza, non potrete più esercitare la vostra opzione put; infatti, si applica solo nel periodo di tempo impostato.

Prima di andare avanti, vale la pena dedicare un momento per dare un'occhiata a ciò che avete imparato finora:

- Le opzioni call e le opzioni put sono contratti che permettono alla persona che possiede le opzioni di comprare o vendere lo stock di azioni sottoscritto a un prezzo pattuito chiamato prezzo di esercizio, o di base.

- La somma pagata per le opzioni call e le opzioni put è definite prezzo premium.

- Un contratto di opzioni call prevede solo un accordo e non il possesso delle azioni sottoscritte.

- Il prezzo di esercizio è pattuito da entrambe le parti, così come il prezzo di acquisto e di vendita.

- Chi possiede un'opzione la può esercitare in qualsiasi momento, tranne dopo la data di scadenza di questa.

Opzione in-the-money

'In-the-money' è un termine che sentirete spesso nel mondo finanziario e in particolare nel trading. In questo paragrafo vi verrà spiegato che cosa significa e come si relaziona con le opzioni. Un'opzione call è in-the-money quando chi possiede l'opzione si trova in una posizione in cui compra lo stock di azioni sottoscritto a un prezzo inferiore rispetto a quello di mercato. Un'opzione put è in-the-money quando chi possiede l'opzione può vendere lo stock di azioni sottoscritto a un prezzo superiore rispetto a quello di mercato. Il termine suggerisce che l'opzione abbia un determinato valore, ma non vuol dire che esercitare tali opzioni porti a un profitto.
Il guadagno di un'opzione in-the-money dipende dal fatto se vi rimangono dei soldi o no dopo aver decurtato tasse e commissioni. Pertanto, è necessario che il prezzo dello stock di azioni sottoscritte si muova abbastanza velocemente da permettere al trader di guadagnare. Alcune opzioni sono già in-the-money quando le acquistate; il problema è che sono molto costose e il prezzo si dovrà muover finché non vi garantirà un profitto. Immaginate che ci sia un'opzione call per la Lemonade Inc. che è in-the-money al prezzo di 40€ per azione, mentre il prezzo corrente di mercato è di 43€. Questo sembra positivo perché vi permette di comprare 100 azioni, che valgono 43€, a un prezzo inferiore, ovvero 40€. Poi le potete vendere immediatamente e guadagnarci: comprate 100 azioni a 4.000€, poi le rivendete a 43€ l'una e accumulare 4.300€, guadagnando 300€.
Tuttavia, se il prezzo premium del contratto prevede 4€ per azione, non otterrete alcun profitto. Anzi, potreste perdere 100€: dopo aver venduto le vostre azioni, otterrete 300€ di profitto, poi potete detrarre il premium di 400€ dalla somma

totale, che vi lascerà in negativo di 100€. Quindi, se un'opzione call è in-the-money, non vuol dire che garantisca un profitto al 100%, ma significa che lo stock di azioni è venduto a un prezzo superiore rispetto al prezzo di esercizio.

Opzione out-of-the-money

Al contrario, un'opzione call è out-of-the-money se il prezzo di esercizio è maggiore rispetto al prezzo corrente di mercato. Un'opzione put è out-of-the-money se lo stock sottoscritto è venduto a un prezzo inferiore rispetto al prezzo di esercizio. Un'opzione call o un'opzione put out-of-the-money sono più economiche rispetto a un'opzione call o put in-the-money. Dopo avere comprato un'opzione out-of-the-money, questa potrebbe trasformarsi in opzione in-the-money non appena il prezzo delle azioni varia. Immaginate che le azioni della Lemonade Inc. siano vendute per 40€ l'una quando voi comprate opzioni put a un prezzo di esercizio di 37€. Questo significa che venderete 100 azioni a un prezzo inferiore rispetto al loro prezzo corrente di mercato, perdendo 3€ ad azione. Ma, non appena il prezzo varia, per esempio se il prezzo di mercato dovesse crollare a 33€, la stessa opzione put potrebbe diventare in-the-money. Subito potrete vendere le vostre 100 azioni 4€ in più rispetto al prezzo corrente del mercato. Questo significa che avete ancora una possibilità di guadagnare 400€ giocando al ribasso.

Opzione at-the-money

Un'opzione è at-the-money se il prezzo di esercizio e il prezzo corrente di mercato delle azioni si equivalgono. Questi tipi di opzione sono solitamente costosi. Per esempio, se l'opzione call ha un prezzo di esercizio di 10€ e il prezzo dello stock sottoscritto ha un valore di 10€ per azione, le variazioni del prezzo potrebbero subito trasformarsi in in-the-money, oppure out-of-the-money.

Che cosa influenza il prezzo delle opzioni

Il prezzo delle opzioni è influenzato da molti i fattori che includono: volatilità, il prezzo del bene sottoscritto, il tempo a disposizione prima della scadenza e il fatto di essere un'opzione in-the-money o out-of-the-money.

La volatilità implicita è la previsione di come potrebbe variare in futuro il prezzo di un titolo e ha a che vedere con le fluttuazioni del mercato. Se il titolo è molto volatile, vuol dire che il prezzo cambierà in maniera drastica. Nei mercati al ribasso, la volatilità implicita diminuisce perché si pensa che il prezzo crolli; al contrario, nei marcati al rialzo, la volatilità implicita aumenta. Il numero può solo dire di quanto potrebbe variare il prezzo, ma non in che direzione: se aumenterà o crollerà. Ricordatevi che la cifra è una mera previsione, non vi dirà che cosa accadrà realmente in futuro, ma è utile poiché indica le previsioni e gli istinti dei trader del mercato. Tuttavia, questo dimostra quanta incertezza ci sia sul mercato, quanto siano incerti i prezzi delle opzioni che a volte possono aumentare di molto. La cifra, mentre può esservi utile per creare la vostra strategia, è anche sensibile a diversi fattori causati da nuovi eventi. Quindi, indica di quanto possa cambiare il prezzo, ma non in che direzione, per questo è molto limitante. Il prezzo dei beni sottoscritti influenza il modo in cui vengono stabiliti i prezzi premium perché questi devono coincidere più o meno al prezzo del bene finanziario. Quindi, un'opzione per uno stock costoso sarà costosa; mentre un'opzione per uno stock a buon mercato sarà economica. Tuttavia, questo aspetto non incide sulla redditività dell'opzione ed è per questo motivo che il prezzo dell'opzione è simile a quello del bene sottoscritto; infatti, alla fine potrete decidere se comprare o vendere tale bene sottoscritto.

Il periodo prima della data di scadenza è altrettanto importante per determinare il prezzo premium pagato per un'opzione. Più è lungo tale periodo e più costosa sarà l'opzione; questo perché il prezzo del bene sottoscritto avrà più tempo per muoversi in una posizione che potrebbe rivelarsi più redditizia per la persona che possiede l'opzione. Chi emette l'opzione rischia di più e per questo la paga di più. Al contrario, più è breve il periodo prima della data di scadenza e meno l'opzione sarà cara; questo perché il prezzo del bene sottoscritto avrà meno tempo per muoversi in una posizione che potrebbe rivelarsi più redditizia per la persona che possiede l'opzione. Il carattere monetario dell'opzione dipende dal tipo di opzione: se è in-the-money o out-of-the-money: un'opzione in-the-money sarà più costosa di una che non lo è perché la posizione iniziale di chi la possiede è considerata favorevole. Allo stesso tempo, chi la ha emessa sembra già dall'inizio in una posizione svantaggiosa. Come avete visto, le opzioni funzionano perché il writer dell'opzione e chi la possiede scommettono l'uno contro l'altro. Rendere le opzioni in-the-money più costose è un modo per riequilibrare la situazione. Le opzioni out-of-the-money saranno sempre meno costose alla fine perché il writer dell'opzione inizia sempre in una posizione vantaggiosa.

Altri tipi di opzione

Questi tipi di opzione che sono state appena trattate fanno parte di un particolare gruppo di opzioni definite *stock options*. Tuttavia, esistono altri tipi di opzione che hanno a che vedere con beni finanziari di diversa natura. Queste opzioni verranno prese in esame più avanti. L'obiettivo di questa sezione del libro è quello di mostrarvi semplicemente quanto è vasto e ampio il mercato azionario e quante possono essere le opzioni. Queste spiegazioni vi permetteranno di essere in grado di agire nel mondo del trading come un vero esperto, sentendovi più a vostro agio. Le *stock options* possono essere difficili da gestire per alcuni poiché richiedono una conoscenza particolare delle azioni che vengono negoziate, ma queste altre opzioni (che a breve vi presenteremo) sono state pensate per aiutarvi a raggiungere i vostri obiettivi in maniera più semplice e idonea alle vostre capacità. Nel prossimo capitolo, ritorneremo sulle *stock options* per fare degli esempi comparativi e per rendere il tutto ancora più facile da capire.

Opzioni ETF (trasferimento elettronico dei fondi)

Innanzitutto, sarebbe opportuno avere qualche nozione sugli indici di mercato prima di iniziare a parlare di fondi indicizzati quotati.
Gli indici di mercato sono gruppi di azioni che rappresentano una particolare porzione di mercato. I diversi indici di mercato sono ponderati in maniera diversa, il che significa che il contributo che ogni singola società dà al valore finale dell'indice di mercato viene calcolato in maniera differente.

Esempi di indici di mercato possono essere l'indice Dow Jones o l'indice S&P 500. Sicuramente conoscete questi nomi, ma che cosa rappresentano realmente? Per dirne uno, l'indice S&P 500 rintraccia il mercato azionario delle cinquecento maggiori compagnie statunitensi, raggruppa tutte le loro azioni insieme e tiene traccia di come queste azioni si muovono sul mercato.

Il valore che queste possono avere dipende dalla capitalizzazione di mercato, o azionaria. La capitalizzazione di mercato è il valore totale di tutte le azioni delle compagnie sul mercato. La capitalizzazione di mercato di una società si ottiene moltiplicando il prezzo delle azioni con il numero delle azioni che la società ha sul mercato azionario. Per esempio, se una compagnia ha 1.000 azioni e ognuna di queste vale 700€, il valore totale delle azioni della compagnia è 1.000 x 700€, che equivale a 700.000€. In termini di indici di mercato ponderati, più è alta la capitalizzazione di mercato di una compagnia e più peso o impatto ha questa sul comportamento delle azioni. Dovete ricordare che i diversi mercati vengono misurati in maniera differente, tuttavia, i calcoli sono molto complessi e non fondamentali per il nostro discorso. Gli indici di mercato possono rappresentare gli specifici segmenti dei mercati, come il settore industriale o quello tecnologico. Gli indici di mercato sono utilizzati dagli investitori per valutare come i mercati stanno reagendo o come si stanno muovendo in generale per capire quale sia l'investimento migliore in quel determinato momento. Esistono numerosi indici di mercato e i più noti sono l'indice Dow Jones, quello S&P 500, l'indice FTSE, il Nikkie 250, quello Hang Seng, e molti altri. Gli indici di mercato non possono essere né negoziati, né posseduti: non potete comprare azioni dell'indice Dow Jones o dell'indice S&P 500 e poi commerciarle. Gli scopi delle informazioni sugli indici sono di natura pratica, sono utili sia per gli investitori che per altri trader. Quando le persone dicono che "vanno lungo" sull'indice S&P 500 non vuol dire che possiedono queste azioni, ma si riferiscono ai fondi indicizzati o all'ETF (che sono due cose diverse), ovvero un trasferimento elettronico dei fondi. Più avanti verranno spiegate le opzioni indice. Un ETF è un bene finanziario che include altri beni finanziari, come azioni o bond, ed è creato dopo un indice di mercato. Si potrebbero comprare le azioni delle compagnie all'interno dell'indice S&P 500, per esempio, ma sarebbe eccessivamente costoso per il singolo. Pertanto, diverse compagnie e gestori di portafoglio creano un ETF. La loro strategia prevede l'acquisto di parti di azione del mercato indicizzato cosicché possano trarre beneficio dal movimento di quel mercato, come se avessero investito in quel particolare indice, anche se in misura minore. Questo ETF viene poi gestito in maniera tale che rispecchi i guadagni del mercato. I trasferimenti elettronici dei fondi attraggono molto perché in generale costano poco e sono molto vari, richiedono molto tempo, sforzo ed energia che sono necessari nel momento dell'acquisto e della negoziazione dello stock di azioni di una specifica compagnia. Sono considerati sicuri perché sono vari, stabili e perché prendono parte nelle azioni delle società più grandi e con il più alto fatturato mondiale. Con l'ETF è anche molto più semplice anticipare la reazione di un determinato settore del mercato agli sviluppi politici ed economici; questa è una delle ragioni per cui gli investitori seguono e diversificano i loro investimenti. Un proverbio tipico del mondo finanziario e azionario dice "non mettere tutte le uova in un solo paniere". Tuttavia, questo non è sempre il caso dei trasferimenti elettronici dei fondi perché alcuni di questi sono molto rischiosi e sono fatti su misura per alcuni mercati; probabilmente si tratta di mercati precari che sono appena sorti. Nessuno può finanziare un ETF perché è quasi lo stesso che comprare azioni da società più grandi su un indice di mercato; pertanto, questi sono finanziati emettendo azioni. Le persone possono poi negoziare le loro azioni dell'ETF del mercato esattamente come ogni altra azione. Uno dei più noti ETF è il SPDR S&P 500 ETF, che è fatto su modello dell'indice S&P 500 e spesso viene modificato in maniera da rispecchiare meglio i guadagni di un mercato.

Tuttavia, a causa della loro natura, gli ETF sono più complessi del semplice acquisto di uno stock di azioni perché possono comprare diversi tipi di beni finanziari e riunirli tutti insieme in un unico ETF. Questi beni possono includere: azioni, prodotti e anche bond. Le persone dicono che gli ETF sono negoziati di fondi comuni di investimento e, diversamente dal più tradizionale fondo comune di investimento che mette in comune i soldi degli investitori, crea una serie di investimenti per poi dare il profitto agli investitori, se ce ne dovesse essere. Per rendere il tutto più semplice da ricordare, pensate all'ETF come un fondo comune di investimento di azioni che possono essere negoziate.

C'è una particolare classe di opzioni dette opzioni ETF, ovvero opzioni il cui bene finanziario sottoscritto è il numero delle azioni dell'ETF. Quando il contratto viene stipulato, il numero specifico di azioni passa di mano in mano e viene negoziato al prezzo di esercizio. Quindi, emettere un'opzione ETF vuol dire stipulare un contratto che assicura all'acquirente il diritto di vendere le azioni dell'ETF al prezzo di esercizio. Un contratto di un'opzione call ETF vi permette di comprare un numero specifico di opzioni ETF al prezzo di esercizio. In entrambi i casi, esattamente come per le opzioni tradizionali, non siete obbligati a esercitare le opzioni. Avete il permesso di esercitarle solamente quando lo ritenete opportuno per tutto il tempo in cui il contratto è in vigore.

Opzioni su indici

Le opzioni su indici sono le opzioni più strane e particolari perché sono essenzialmente delle semplici scommesse su come si muove e come si comporta un determinato indice di mercato, non c'è nessun bene sottoscritto che viene negoziato per tutto il tempo in cui dura il contratto in esercizio. L'unico bene che viene negoziato attraverso le opzioni su indici sono i contanti. Alcuni potrebbero essere attratti da questa particolare opzione perché non presenta costi aggiuntivi che invece hanno a che vedere con la compravendita corrente delle azioni quando il contratto è in esercizio. I trader che fanno affari attraverso le opzioni su indice speculano su quello che è il prezzo di un indice o di un bene finanziario. Questo prezzo esiste sulla carta e nessuno possiede alcuno stock di azioni. Alla fine, è poco più di un gioco. Facciamo un esempio: una persona con un'opzione indice call S&P vende un'azione per un prezzo premium di 10€ e per un prezzo di esercizio di 100€, quando il prezzo sottoscritto del S&P è 105€. Questo non vuol dire che tale soggetto debba fornire 100 azioni S&P 500 ETF al prezzo di 100€, se il prezzo del S&P 500 ETF sale a 130€ per una singola azione. Tutto quello che dovrà fare sarà ripagare con i propri soldi gli altri poiché ha perso la scommessa. Si dice che le opzioni su indice sono tipiche dello stile europea, nel senso che sono state piazziate con una data di scadenza e valgono solo per un determinato periodo di tempo. A differenza di molte altre opzioni, queste non possono essere esercitate ogniqualvolta lo si desideri.

Opzioni obbligazionarie

Un'altra interessante classe di opzioni sono le opzioni obbligazionarie. Per capire che cosa sono e come funzionano, è necessario capire prima che cosa sono le obbligazioni, comunemente conosciute come 'bond', e come il prezzo di queste varia. Prima è stato detto come le compagnie emettono stock di azioni per ottenere un profitto. A volte però tali società non sono favorevoli all'emissione di stock di azioni perché, per esempio, non vogliono spartire il potere con gli azionisti. Quindi, una seconda alternativa per le compagnie per ottenere finanziamenti è chiedere prestiti alle banche. In alcuni casi, la somma di denaro di cui le compagnie hanno bisogno difficilmente viene coperta da una singola banca, ma più banche si mettono insieme. Terza alternativa, le società, i governi e le istituzioni emettono obbligazioni per finanziarsi quando non riescono a ottenere soldi in nessun altro modo. Pensate alle obbligazioni, ai bond, come a delle massicce campagne di finanziamento: la compagnia ha bisogno di ottenere X milioni di euro, così emette 10.000 bond al prezzo di 100€ l'uno. Le persone che acquistano queste obbligazioni prestano alla compagnia 100€ e l'intero importo dovuto, esclusi gli interessi, è detto importo principale, che verrà pagato entro la data di scadenza. Oltre all'importo principale, le società, i governi, le amministrazioni locali e le istituzioni dovranno pagare un tasso di interesse fisso per tutto il periodo di tempo accordato, di solito un quadrimestre o un anno. Sin dall'inizio, il creditore sa i dettagli di come verranno effettuati i pagamenti o di quando verrà pagato l'importo principale.

I bond vengono solitamente fissati a un prezzo di 100€ o 1.000€ l'uno. Gli obbligazionisti, che hanno prestato denaro agli emittenti delle obbligazioni, se vogliono, possono negoziare tali obbligazioni sul mercato come meglio credono. Il prezzo di un'obbligazione è determinato dal tasso di interesse, che è il tasso della cedola (ovvero l'interesse sul prestito), finché non scadrà l'obbligazione. Esistono diversi fattori che influenzano il valore di un'obbligazione sul mercato (ma non è l'obiettivo del libro focalizzarsi su questo aspetto). Tuttavia, il fattore che influenza maggiormente le obbligazioni sono i tassi di interesse sul mercato: le obbligazioni valgono di più se il tasso di interesse è basso; viceversa, valgono meno se il tasso di interesse è alto. Potrebbe suonare strano, infatti ora vi verrà spiegato il perché.

Immaginate di comprare per 1.000€ un bond che dura 10 anni con un tasso di interesse del 5% da pagare annualmente; questo vuol dire che a fine di ogni anno, per 5 anni, riceverete 50€ per la vostra obbligazione. Trascorso un anno, il tasso di interesse sale di un punto percentuale; quindi, 1.000€ di bond emessi in quell'anno costano 60€. Se provate a vendere sul mercato il vostro bond, non vi verrà offerta la stessa somma degli altri bond sul mercato in quel momento. Questo vuol dire che l'importo principale della vostra obbligazione deve essere aggiustato in modo tale che vi possa garantire una somma di denaro pressoché uguale a quella che otterreste se qualcuno comprasse 1.000€ di bond sul mercato corrente. Pensatela così: non c'è nessun motivo per cui qualcuno dovrebbe comprare la vostra obbligazione per 1.000€ se dovesse anche pagare meno per il tasso di interesse che ha tale bond.

Quindi, il vostro bond deve essere riapprezzato o aggiustato in base al mercato, così da permettervi di beneficiare da una resa del 5%.

Quindi, il prezzo della vostra obbligazione crolla e riceverete un'offerta minore rispetto all'importo principale.

Se i tassi di interesse calano, la vostra obbligazione diventa più appetibile sul mercato perché si paga meno rispetto ai tassi di interesse sul mercato.

Le opzioni obbligazionarie sono opzioni il cui bene finanziario sottoscritto è l'obbligazione e le persone si servono delle opzioni obbligazionarie per la gestione del rischio e per speculare. Sperano, infatti, di ottenere un profitto dalle piccole variazioni dei mercati obbligazionisti. Altri comprano opzioni put per proteggere il loro investimento quando pensano di poter vendere i loro bond presto, sempre a causa delle variazioni di mercato o per altri motivi.

A mano a mano che ci avviciniamo alle diverse strategie di trading, vi rendete sempre più conto di quanti siano i diversi modi in cui possono essere utilizzate le opzioni: per la gestione del rischio, per ottenere profitti extra, per investire e speculare.

Opzioni su valute

Le opzioni su valute sono opzioni forex. Questo tipo di opzione non riguarda beni finanziari sottoscritti sotto forma di stock, obbligazioni o prodotti, ma riguarda scommesse su come potrebbe variare e come si potrebbe muovere il prezzo delle valute. Si tratta di contratti che permettono di vendere o acquistare una valuta a un determinato tasso di cambio prima della data di scadenza. Le compagnie si servono di queste opzioni per bloccare una valuta a un determinato prezzo che va a favore dei loro affari transfrontalieri. I trader nel mercato forex ricorrono a queste opzioni su valute per proteggere i loro investimenti da possibili trasformazioni del mercato per loro negative. Le opzioni su valute sono un po' come un'assicurazione siccome i mercati forex sono noti per essere altamente volatili. Infatti, vista la loro volatilità, potete capire perché le compagnie preferiscono usare opzioni su valute per proteggere sé stesse da improvvisi cambi di prezzo che potrebbero rivelarsi fatali. Essendo il mercato forex un mercato notevolmente volatile, i prezzi premium su queste opzioni sono alti per far fronte ai vari rischi. Le opzioni del mercato forex sono molto sensibili alle varie notizie, agli eventi politici e agli sviluppi economici, per questo sono appetibili per alcuni trader che non devono per forza possedere delle azioni, ma basta che esercitino un'opzione e facciano una previsione per la quale devono pagare un prezzo premium. Guadagneranno soldi nel momento in cui tale previsione si rivelerà esatta. Le opzioni su valute sono in generale vendute a 100 a 100. Non verrà approfondita la questione perché il mercato forex è troppo volatile e vasto che bisognerebbe scrivere un altro libro solo per questo. Per il momento limitatevi a sapere che esiste nel caso vogliate prendere tale direzione.

Opzioni su contratti futures

Al primo impatto sentir parlare di opzioni su contratti futures (o più semplicemente "sui futures") può sembrare strano. Se vi ricordate i contratti futures sono una sorta di opzione, se non per il fatto che le due parti contraenti, che hanno stipulato il contratto, devono soddisfare i termini acclusi in tale contratto. Le opzioni sono diverse perché non vi obbligano a esercitarle nel momento in cui l'affare andrebbe a vostro discapito, mentre l'emittente è felice perché le opzioni gli permettono di mantenere il premium come profitto. Quindi, le opzioni sui futures riguardano la compravendita di un contratto da parte di un altro contratto, sebbene appartengano a categorie diverse. Le opzioni sui futures danno a chi le possiede il diritto di vendere o comprare i contratti futures a un determinato prezzo di esercizio prima della data di scadenza. Esattamente come le *stock options*, di cui è stato trattato in precedenza, le opzioni call sui futures danno al proprietario il diritto di comprare un contratto future a uno specifico prezzo di esercizio prima della data di scadenza. Viceversa, le opzioni put sui futures danno al proprietario il diritto di vendere un contratto future a uno specifico prezzo di esercizio prima della data di scadenza. Questi tipi di opzioni sono tipici dello stile europeo, ovvero non possono essere esercitate prima della data di scadenza, oppure possono essere esercitate solo in un determinato periodo di tempo.

Coefficienti di sensibilità delle opzioni

I coefficienti di sensibilità delle opzioni sono valori che vengono rappresentati con alcune lettere dell'alfabeto greco. Tali valori danno al trader alcune informazioni riguardanti il contratto di opzioni e la sua relazione con il bene sottoscritto. Esistono numerosi coefficienti, ma delta, theta, gamma e rho sono i più noti, i più utili e quelli più semplici da usare. In generale, tutti gli altri non vengono impiegati, soprattutto dai principianti. Pertanto, vi presenteremo solo questi quattro in maniera tale da capire che cosa sono, come funzionano e come possono essere usati a proprio vantaggio. Tenete bene a mente che nel trading è utile essere sempre informati e capaci di capire i concetti più sofisticati per accumulare e approfondire di volta in volta le varie strategie. Oltre a come si leggono, vi verrà mostrato anche il simbolo della lettera greca corrispondente.

Delta Δ

I numeri delta vi dicono la variazione di un'opzione quando il prezzo del bene sottoscritto varia di 1€. Quindi, delta è la misura della sensibilità contrastante di un'opzione rispetto al bene. Le opzioni call hanno un delta positivo che oscilla tra 0 e 1, mentre le opzioni put hanno un delta negativo che oscilla tra 0 e -1, ovvero l'inverso. Per esempio, se il valore delta dell'opzione call è 0,7 vuol dire che, se il prezzo del bene sottostante dovesse variare di 1€, il prezzo dell'opzione call aumenterebbe di 0,70€. La sensibilità di un'opzione rappresentata dal delta dice al trader come comportarsi per proteggersi dai rischi. Il numero può anche essere usato come probabilità della trasformazione di un'opzione in-the-money. Il valore può essere convertito in una percentuale: per esempio, con il numero 0,2 vuol dire che c'è un 20% di possibilità che l'opzione si trasformi in opzione in-the-money.

Gamma γ

Il coefficiente gamma indica la sensibilità del coefficiente delta se il bene sottoscritto dovesse variare di 1€. Questo numero è importante perché fa capire quanto ci si può fidare del valore delta per i propri scopi. In base alla vostra strategia, più alti sono i numeri gamma e più potrebbero essere appetibili perché rivelano che il valore delta di un'opzione potrebbe cambiare drasticamente in qualsiasi momento. Al contrario, numeri più bassi indicano un delta stabile, meno sensibile alle variazioni del prezzo del bene finanziario sottoscritto. Un valore gamma di 0,3 indica che se il prezzo del bene sottoscritto varia di 1€, il valore delta aumenterà o diminuirà di 0,3. Dovete sapere che a volte i valori gamma tendono a essere più alti per le opzioni at-the-money e minori per quelle che variano di continuo, come le opzioni out-of-money e quelle in-the-money. Più si avvicina la data di scadenza e più il valore aumenta velocemente.

Theta Θ

Il coefficiente theta misura la variabilità del premio di un'opzione nel corso del tempo. Quando le opzioni si avvicinano alla data di scadenza, in generale il loro valore cade, diventando sempre meno appetibile poiché il bene sottoscritto non ha tempo a sufficienza per far variare i prezzi così da renderli redditizi. Il valore theta indica quanto sensibile è il prezzo di un'opzione che varia all'avvicinarsi della data di scadenza se tutto il resto rimane invariato. Un valore theta 0,1 indica che il prezzo di un'opzione diminuirà di 0,30€ ogni giorno che passa da qui in poi se tutto il resto rimane più o meno invariato. Come il valore gamma, il coefficiente theta è più alto quando le opzioni sono at-the-money e più basso quando il prezzo dell'opzione varia di molto. Solitamente le opzioni lunghe hanno un valore negativo, mentre le opzioni corte hanno un valore positivo. Il valore theta non è un dogma, nel senso che quello che indica non è per forza quello che potrebbe succedere. I trader dovrebbero capire e sapere che tutti i calcoli sono fatti al momento, in base alla conoscenza, ai dati e alle circostanze. Infatti, al variare delle circostanze, variano anche i valori di theta, gamma e delta.

Vega ν

Il coefficiente vega indica la sensibilità del prezzo dell'opzione rispetto alla volatilità del bene sottostante. Indica quindi quanto può variare il prezzo dell'opzione se il prezzo del bene varia di un punto percentuale. La volatilità mostra che il bene finanziario è soggetto a variazioni e a sua volta va a influenzare il prezzo di un'opzione. Solitamente "alta volatilità" vuol dire che un'opzione è costosa, mentre "bassa volatilità" vuol dire che un'opzione è più economica. Un vega di 0,5 indica che se il prezzo del bene sottostante varia dell'1%, il valore dell'opzione varierà di 0,50€.

Rho ϱ

Il coefficiente rho indica la sensibilità di un'opzione alla variazione di un punto percentuale del tasso di interesse. Quindi, se un'opzione call con valore di 1€ ha un rho di 0,1, vuol dire che il valore dell'opzione aumenterà di 0,10€ se tutto il resto rimane invariato. Le opzioni put indicano quanto il valore di un'opzione può calare e il coefficiente rho è solitamente alto per le opzioni are at-the-money.

Tutti questi coefficienti sono quelli importanti da sapere per iniziare; sono i più comuni e sono veramente molto utili perché possono aiutarvi a prendere le decisioni e attuare le strategie migliori.
Ora che avete appreso tutto quello che c'è da sapere sulle opzioni, è arrivato il momento di muoverci verso il prossimo capitolo, dove verranno analizzate tutte le diverse e possibili strategie attuabili da usare per ottenere profitti grazie alle opzioni di trading.

Capitolo 4
Strategie di trading

In questo capitolo verranno analizzate le strategie di trading che potrete usare, pertanto vi consigliamo di leggerlo con molta attenzione.

Strategia di covered call

Con questa strategia un trader compra uno stock di azioni e poi emette un'opzione call per tale stock. In generale tale strategia funziona bene se gli investitori dello stock vanno lungo, il che non vuol dire che vogliono speculare sullo stock, ma che vogliono ottenere qualche profitto per tutto il tempo che possiedono lo stock. Se lo dovessero vendere, lo venderebbero a un costo più alto.
Di seguito vi verrà spiegato come funziona questa strategia. Immaginate di possedere 300 azioni che costano 1,50€ l'una della società Lemonade Inc. Dopodiché scrivete un'opzione call a un prezzo di esercizio di 1,70€ per azione, mentre il prezzo premium che pagate è 0,15€ per azione. Se il prezzo dello stock dovesse aumentare oltre 1,70€ prima della data di scadenza, per esempio sale a 1,90€, chi vi compra l'opzione call potrà esercitarla. Voi sarete costretti a vendere 300 azioni al prezzo di 1,70€ ciascuna, ma finché il prezzo premium verrà pagato 0,15€ per ogni singola azione, venderete le vostre azioni a un prezzo di 1,85€ ciascuna (prezzo di esercizio + prezzo premium), che è ancora un prezzo alto. Se il prezzo dello stock di azioni della Lemonade Inc. non dovesse aumentare a sufficienza per esercitare l'opzione call, potrete riscuotere il prezzo premium

e mantenere ancora le vostre azioni. Indipendentemente da quello che succede, perderete più soldi di quanti ne avevate all'inizio. È un'ottima strategia da usare se avete intenzione di mantenere lo stock per un lungo periodo di tempo e non credete che il prezzo possa aumentare così tanto nel futuro più prossimo, ma volete comunque ottenere qualche guadagno da quello stock di azioni. Questa strategia è anche definita strategia di acquisto-scrittura, questo magari vi suona meglio.

Strategia di bull call

Una strategia di bull call si ha quando un trader usa due opzioni call sullo stesso bene finanziario sottostante, uno con un prezzo di esercizio più basso e l'altro con un prezzo di esercizio più alto. Il trader compra un'opzione call per un costo superiore rispetto a quello del prezzo di mercato e nello stesso momento vende un'opzione call che ha un prezzo più alto rispetto a quello di esercizio. Entrambe le opzioni hanno la stessa data di scadenza. Quello che succede è che il prezzo dell'opzione call che ha comprato diminuisce. Poiché crede che il prezzo dello stock di azioni sottostanti non aumenterà significativamente, raccoglierà un premium che viene scalato dalla somma totale spesa per l'opzione call. Questo gli permette di beneficiare da piccoli aumenti di prezzi, ma ha anche l'effetto di limitare il prezzo massimo che potrebbe ottenere da una negoziazione. Facciamo un esempio sempre sulla Lemonade Inc.: Mark vede che attualmente le azioni della Lemonade Inc. valgono 1€ ciascuna e crede che il prezzo dello stock aumenterà. Inoltre, c'è un'opzione call con un prezzo di esercizio di 1,20€ per azioneattualmente venduta a 0,50€ per azione. Questo vuol dire che se Mark volesse ottenere un profitto, il prezzo dello stock della Lemonade Inc. dovrebbe aumentare oltre 1,70€, rendendo l'opzione call molto costosa. Per limitare il costo dell'opzione call e ottenere anche dei profitti in base alle fluttuazioni dei costi, Mark compra l'opzione call, ma allo stesso tempo vende un'opzione call dello stesso stock, che ha un prezzo di 0,20€ per azione, a un prezzo di esercizio di 1,90€. Ora Mark può togliere i 0,20€, che ottiene dai prezzi premium, dai 0,50€ che spende sulla prima opzione call, il che vuol dire che ha speso 0,30€ per l'opzione call. Invece, per far sì che Mark inizi a ottenere un profitto, lo stock deve aumentare oltre 1,50€.

Si ha un altro effetto se il prezzo dello stock dovesse salire oltre 1,90€. In questo caso, se venisse esercitata l'opzione call che ha venduto, Mark avrebbe dovuto vendere il suo stock di azioni; ovvero, avrebbe guadagnato tra 1,50€ e 1,90€ ed è questo che si intende quando si dice che il profitto è limitato. Se non ottiene il prezzo dello stock, Mark si ritrova ad aver speso solo 0,30€ per un contratto su un'opzione call che gli sarebbe potuta costare 0,50€ (30€, invece che 50€ in termini di prezzo premium), quindi non ha perso tanto. Ma se il prezzo dello stock dovesse aumentare, il massimo che Mark potrebbe guadagnare per azione è 0,40€ (quindi 40€ per ogni opzione call poiché ciascuna raggruppa un centinaio di azioni).

La strategia di bull spread è praticamente una strategia al rialzo. Gli investitori che si servono di tale strategia confidano nel fatto che il prezzo aumenterà per poi trarre beneficio dall'aumento dei prezzi al minor costo possibile.

Strategia di married put

La strategia di married put si usa quando un trader o un investitore sono in una posizione di lungo rispetto a un determinato stock. Entrambi comprano un'opzione put che ha un prezzo di esercizio uguale a quello del mercato corrente e in questo modo si proteggono da casi di deprezzamento o da movimenti dei prezzi tendenti al ribasso. Questo vuol dire che gli investitori confidano nel fatto che potranno ottenere un profitto dall'aumento del prezzo del loro stock, oltre a trarre tutti i vantaggi possibili garantiti dal possesso dello stock di azioni. Questi vantaggi includono: diritto di voto e guadagno ottenuto dai dividendi una volta che è stato fatto un profitto. Tuttavia, ci sono anche alcuni svantaggi, come i costi da pagare per il prezzo premium dello stock. Quando un investitore si serve della strategia married put è perché non vuole vendere il suo stock di azioni sotto un determinato prezzo; così, nel caso in cui il prezzo di tale stock dovesse crollare, lo vorrebbero vendere tutto e subito. È molto simile a un'assicurazione: il costo che paga l'investitore è il prezzo premium che limita qualsiasi perdita su ogni negoziazione fatta. Le opzioni married put, diversamente da quelle di bull call spread, garantiscono un guadagno potenzialmente illimitato se lo stock si muove bene sul mercato. Torniamo ancora alle azioni della Lemonade Inc. e immaginate di andare lungo su 200 azioni di questa società. Quando comprate queste azioni, le pagate 1,50€ l'una e, dopo qualche mese, il prezzo delle azioni si è apprezzato salendo a 2€. Il che è fantastico: possedendo delle azioni potreste trarre molti vantaggi dal diritto di voto e dal diritto di ottenere dei profitti dai dividendi della società. Siete però preoccupati che l'andamento delle azioni della Lemonade Inc. potrebbe andare a vostro discapito, influenzando negativamente lo stock che possedete. Tuttavia, pensate che ci possa essere ancora una possibilità di profitto, ma non volete perdere troppo soldi se le cose dovessero andare male. Quindi, per proteggere i vostri guadagni, decidete di comprare due opzioni put che vi danno il diritto di vendere 200 azioni a un prezzo di 2€ ciascuna. L'opzione put vi costa un prezzo premium di 0,30€ per azione, il che vuol dire che se esercitate un'opzione put, potrete ottenere un profitto di 20€ per azione. Ma potete anche decidere di vendere solo le vostre azioni poiché pensate che quelle della compagnia siano in una posizione sfavorevole e che difficilmente la situazione della

società si risolva facilmente: questo significa che il prezzo dello stock non riesce ad aggiustarsi prima della data di scadenza della vostra opzione put.
Se il prezzo dello stock continua ad aumentare (esito del buon andamento della compagnia e dalla situazione favorevole sul mercato), potete tenere i vostri stock e ricevere tutti i profitti e tutti i guadagni, perdendo solamente 60€ di premium sull'assicurazione nel caso in cui la situazione dovesse peggiorare. Vedete che questa strategia limita le vostre perdite e vi apre un mondo pieno di benefici: le perdite sono limitate, mentre i profitti sono potenzialmente illimitati. Ancora, l'assicurazione sullo stock può essere costosa, ma non così costosa come potrebbe esserlo nel caso di un crollo del mercato.

Strategia di credit spread

Si parla di strategia di credit spread quando un trader o un investitore vendono un'opzione che presenta un alto prezzo premium e allo stesso tempo ne comprano anche una che presenta un prezzo premium più basso sullo stesso bene sottoscritto. Poiché il prezzo premium che ricevono per le opzioni che stanno vendendo è più alto rispetto a quello che pagano per l'opzione che comprano, questo risulta credito che va ad accumularsi nel conto degli investitori. Questi riceveranno un profitto dalla differenza tra il prezzo premium pagato e il prezzo premium guadagnato. Facciamo un esempio.
Immaginate che le azioni della Lemonade Inc. siano negoziate per 87€ ad azione. Se siete un trader che tratta al ribasso, credete che il prezzo crollerà e pertanto comprate un'opzione call della Lemonade Inc. a un prezzo di esercizio di 93€ per un

premium di 10€ ad azione. Dopodiché, vendete un'altra opzione call per lo stesso numero di azioni della Lemonade Inc. per un prezzo di esercizio di 87€ ad azione per un prezzo premium di 30€ ad azione. Se le opzioni sono per un centinaio di azioni, riceverete un credito di 2.000€ nel vostro conto. Questo sarà il vostro profitto. Ma se la Lemonade Inc. sale sopra i 90€ prima della data di scadenza, il trader a cui vendete comprerà 100 azioni a 87€, riducendo così il vostro guadagno. Tuttavia, se i mercati chiudono sotto i 90€, avrete la possibilità di mantenere il credito che avete guadagnato. Se chiudono a 95€, potrete comprare 100 azioni a 93€ e poi venderle a 87€ alla persona a cui avete venduto l'opzione call. Quindi: 9.300€ - 8.700€ = 600€, che è la somma massima che potreste rischiare di perdere. Quindi questa strategia limita sia quello che potete guadagnare, sia quello che rischiate di perdere. È una strategia che limita il rischio ed è possibile che questo tipo di affare vi dia l'impressione che difficilmente il prezzo dello stock di azioni della Lemonade Inc. possa salire oltre il prezzo di mercato corrente: se prevedete che cadrà e avete ragione, otterrete 2.000€ senza problemi.

Vedetela così, se ci fossero sul vostro conto 10.000€ e ne spendete 1.000€ per ottenere un credito di 2.000€, raggiungerete la cifra di 11.000€. A questo punto dovete comprare 100 azioni per un costo di 9.300€, lasciando sul vostro conto 1.700€. Dopodiché, ricevete 8.700€ quando vendete le azioni: 1.700€ + 8.700€ fa 10.400€. Visto? Avete perso solo 600€. Niente male. Questa strategia è anche nota come strategia bear call spread.

Strategia straddle

La strategia straddle è molto redditizia se attuata in un mercato molto volatile, ovvero dove il prezzo potrebbe variare molto velocemente, ma non si sa in che direzione: se aumenterà o calerà. Indipendentemente da questo, quello che interessa a voi è guadagnare da queste fluttuazioni. Per guadagnare da un aumento, dovrete comprare un'opzione call, mentre per ottenere un profitto da un crollo, dovrete comprare un'opzione put per lo stesso bene finanziario, della stessa data di scadenza allo stesso prezzo di esercizio. Otterrete un profitto nel momento in cui la somma che guadagnate è superiore rispetto al prezzo premium che avete pagato per le opzioni.
Torniamo alla società Lemonade Inc. per fare un esempio. Immaginate che le azioni della Lemonade Inc. siano negoziate per un prezzo di 100€ l'una, ma a causa dell'ultimo annuncio della compagnia credete che il prezzo si sposterà drasticamente in entrambe le direzioni. Pertanto, comprate un'opzione call per un prezzo premium di 10€ ogni azione e un'opzione put per un prezzo premium di 10€ ogni azione. Entrambe le opzioni hanno un prezzo di esercizio di 100€. Immaginate anche di avere 10.000€ sul vostro conto e questo vi costerà un totale di 2.000€ in premium, lasciando sul vostro conto 8.000€. L'annuncio della società viene tenuto prima della data di scadenza di entrambe le opzioni. La Lemonade Inc. ha sofferto diverse perdite negli ultimi 25 anni: il suo stock di azioni è crollato del 30%, il che significa che ora sta negoziando ogni azione per 70€.
In questa situazione, potete comprare 100 azioni per 70€ l'una, spendendo alla fine 7.000€ ed esercitare la vostra opzione put, vendendo le azioni per 10.000€. Avete appena

guadagnato 3.000€ per questa transazione e ora sul vostro conto avete 11.000€.

Se l'annuncio fatto dalla Lemonade Inc. riporta aumenti nelle vendite e lo stock di azioni aumenta del 50%, vi ritroverete in una posizione in cui dovrete comprare 100 azioni e poi rivenderle sul mercato a 150€ l'una. Poiché vi sono rimasti 8.000€, non vi potete permettere di esercitare la vostra opzione call, ma userete il vostro conto con margine per prendere in prestito 2.000€ e comprare le azioni per un costo di 10.000€; sulla transazione guadagnerete 15.000€. Dovrete poi pagare i vostri debiti con i relativi interessi, il che vi costerà 2.300€. Poiché vi rimarranno 12.700€, avrete ottenuto un profitto di 4.700€.

Come potete vedere, non importa in che direzione si muovono le azioni, finché vanno oltre il prezzo premium che avete speso per le opzioni, otterrete un guadagno. Tuttavia, se il prezzo di mercato si muove di poco, perderete 2.000€ e vi rimarranno solo 8.000€ sul vostro conto.

Strategia strangle

La strategia strangle è simile a quella straddle, ma invece che comprare opzioni che hanno in comune lo stesso prezzo di esercizio, lo stesso bene e la stessa data di scadenza, vengono acquistate due opzioni che hanno in comune solo la data di scadenza e il bene finanziario. Quindi, i prezzi di esercizio sono diversi tra loro. Tuttavia, è una strategia che viene usata spesso in situazioni simili a quelle della strategia straddle. Infatti, in entrambi i casi, il trader crede che il prezzo dello stock sottostante si muoverà in una qualche direzione, ma non sa in quale. Il trader potrebbe sbagliare di poco, ma potrebbe esercitare la strategia strangle per ottenere profitti anche se dovesse sbagliare. Esattamente come per la strategia straddle, se il prezzo si muove di molto, i soldi verranno persi in premium. La situazione è molto simile a questa: la Lemonade Inc. fa un annuncio, le voci riguardanti la notizia sono positive, ma gli investitori sono un po' scettici. Per il momento, il prezzo dello stock di azioni è stabile, ma può anche accadere che, quando la società farà il suo annuncio, il prezzo si muova drasticamente. Se la notizia dovesse essere positiva, potreste comprare un'opzione call a un prezzo che coincide con il prezzo del mercato azionario corrente, ovvero 100€ per azione, mentre il prezzo premium per azione vi costerà 10€. Pensate che difficilmente il prezzo potrebbe crollare, ma se dovesse calare, potreste voler guadagnare qualcosa in più e quindi comprate un'opzione put per un prezzo di esercizio di 98€ ogni 8€ di azione, spendendo una somma totale di 1.800€ sui prezzi premium. Questa strategia è più economica di quella straddle. Invece, se il prezzo dello stock crolla del 20%, dovrete raggruppare un profitto di

1.800€, il che vuol dire che dovrete andare oltre. Se aumenta drasticamente del 50%, guadagnerete 5.000€ dalla transizione, il cui minimo per il premium pagato è 3.200€. Se la vostra previsione fosse corretta, potreste fare qualche soldo in più a cui avreste dovuto rinunciare se aveste attuato una strategia straddle. Invece, se la vostra previsione fosse sbagliata e il prezzo dovesse crollare drasticamente, guadagnerete ancora qualcosa, ma potreste perdere qualche azione che vi avrebbe permesso di ottenere un profitto maggiore.

In entrambe le strategie, la fluttuazione del prezzo deve essere rapida abbastanza da colmare la spesa del prezzo premium. Per esempio, in una situazione in cui l'annuncio della Lemonade Inc. non dovesse smuovere in nessuna direzione i mercati che rimangono invece relativamente stabili, potreste perdere 1.800€, 200€ in meno rispetto a quello che potreste ottenere con una strategia straddle.

Strategia colletto protettivo

La strategia colletto protettivo si usa quando un investitore compra un'opzione put che è out-of-the-money e poi emette un'opzione call out-of-the-money sullo stesso bene finanziario con la stessa data di scadenza. La strategia può essere immaginata innanzitutto come una strategia d'uscita perché in generale viene attuata dai trader che sono rimasti sul mercato con un solo stock e per un lungo periodo. Lo stock di azioni è andato bene e i trader cercano di proteggere il loro investimento nel caso in cui il prezzo dovesse improvvisamente crollare o aumentare. Quindi, sempre facendo l'esempio delle azioni della Lemonade Inc., immaginate un annuncio che lancia un nuovo ed emozionante prodotto chiamato "Limonata slushy senza zucchero". La compagnia è convinta che, grazie al suo spostamento sul mercato verso un target che sta attento alle abitudini alimentari e segue uno stile di vita sano, il nuovo prodotto verrà accolto con favore e troverà presto anche il suo posto presso le scuole senza incontrare troppa resistenza; quindi, si aspetta ingenti vendite. Voi possedete le azioni della Lemonade Inc.: 100 azioni che ora valgono 100€ l'una. L'annuncio della compagnia causa un salto del prezzo. Per i mesi successivi la compagnia va bene, soprattutto durante i mesi estivi e autunnali, ma con l'arrivo dell'inverno le vendite iniziano a diminuire. Le vostre azioni sono salite a un costo di 170€ l'una: ora le potreste vendere guadagnando 7.000€. Quello che sentite è che il nuovo prodotto lanciato sul mercato dalla Lemonade Inc. andrà bene durante tutto l'inverno, ma questo prodotto incontra diversi concorrenti sul mercato. Quindi, indipendentemente da quanto debole sia l'aumento, siete in una posizione in cui potreste guadagnare qualcosa. Sicuramente vorreste ottenere il maggior profitto possibile, ma se la vostra strategia dovesse fallire, vorreste uscirne subito dall'affare con qualsiasi guadagno. Per ottenere questo, dovreste aggiungere un collare protettivo, cioè, dovreste sottoscrivere un'opzione call a un prezzo di esercizio di 175€ per 2€ ciascuna azione. Dopodiché, continuando così potreste comprare un'opzione put al prezzo di esercizio di 168€ per 2€ ciascuna azione. In tale situazione, se il prezzo della Lemonade Inc. dovesse crollare sotto 168€, vi trovereste in una posizione in cui dovrete incassare vendendo le vostre azioni a 168€ l'una. Se il prezzo della Lemonade Inc. dovesse aumentare sopra i 175€, dovreste vendere quello stock di azioni a 175€ per ottenere un guadagno dall'aumento del prezzo di esercizio. Poiché avete pagato 2€ il contratto sulle vostre opzioni put e avete ricevuto la stessa somma per l'opzione put che avete venduto, ora non dovete pagare niente per la protezione che ottenete dall'utilizzo di questa strategia perché le due transazioni si cancellano a vicenda. Tuttavia, questo non è sempre quello che accade; infatti, tutte le strategie collare protettivo sono diverse tra loro e dipendono dai prezzi delle opzioni.

Strategia di iron condor

La strategia di iron condor è veramente molto complessa. Viene attuata per trarre vantaggio da piccole variazioni di prezzo e si serve di quattro opzioni call. Delle prime due una è lunga e l'altra è corta. Il secondo aspetto è che le opzioni, che siano lunghe o brevi, condividono tutte la stessa data di scadenza e lo stesso bene sottoscritto. Esattamente come per la strategia strangle, potete attuare questa strategia con particolari previsioni, al ribasso o al rialzo. Tuttavia, sin dall'inizio l'idea principale è ottenere profitto dai piccoli movimenti del mercato.

Gli acquisti

Il primo acquisto con una strategia di iron condor è un'opzione call, mentre il secondo è un'opzione out-of-the-money. Esattamente quello che vi aspettereste in una strategia call.

Le vendite

La prima vendita in una strategia di iron condor è la vendita di un'opzione put e la seconda è l'acquisto di un'opzione put out-of-the-money.

Perché?

Poiché le opzioni perdono il proprio valore quando arrivano alla data di scadenza e poiché il trader mantiene tutti i prezzi premium accreditati sul suo conto, questa strategia gli permette di limitare le sue perdite se quello che perde è la differenza tra le opzioni comprate e quelle vendute, esattamente come funziona in una strategia di credit call. Il modo migliore per vedere questa strategia è pensarla come una strategia di credit call o di credit put dove il trader riceve credito sia al ribasso che al rialzo. Vediamo ora come funziona. Immaginate di aver sul vostro conto 10.000€ e che le azioni della Lemonade Inc. vengono negoziate a 100€ ciascuna. Tuttavia, il prezzo è aumentato drasticamente nel corso dell'estate e non credete che possa cambiare di molto. Quindi decidete di comprare al prezzo di esercizio di 90€ un'opzione put che è ancora out-of-the-money, mentre ogni azione vale solamente 1€. Dopodiché, vendete al prezzo premium di 5€ un'opzione put che ha un prezzo di esercizio che è vicino alla cifra di 97€ per azione. La differenza tra i due premium, ovvero 4€, moltiplicata per 100 azioni dà quanto avete sul vostro account, ovvero 400€. Per il secondo passaggio, comprate un'opzione call a un prezzo di esercizio di 110€ e a un prezzo premium di 1€. Dopodiché, vendete un'opzione call sullo stesso bene finanziario, allo stesso prezzo premium di 5€ e al prezzo di esercizio di 103€ per ciascuna azione. 4 moltiplicato per 100 dà come risultato il credito che avete sul vostro conto: avete guadagnato un totale di 800€ e avete speso solo 200€. Se il prezzo delle azioni della società Lemonade Inc. si sta muovendo come avevate previsto, non dovrebbe salire oltre i 108€ né calare sotto i 92€, permettendovi così di mantenere invariati i vostri soldi. Ma che cosa succede quando i prezzi si muovono drasticamente in una delle due direzioni?

Se i prezzi aumentano rapidamente

Quindi, dai prezzi premium avete guadagnato 800€ e il vostro bilancio risulta essere 10.800€, mentre il prezzo delle azioni della Lemonade Inc. sale a 120€ per azione. Chi vi ha comprato l'opzione call la esercita e vi compra 100 azioni al prezzo di 103€ per ciascuna azione. Per colmare questo ordine, esercitate la vostra opzione: comprate 100 azioni al prezzo di 110€ per ciascuna azione e poi le rivendete al prezzo di 103€ per ciascuna azione. Qui i calcoli: 110 moltiplicato per 100 dà 11.000, che è la somma che prelevate dal vostro conto, e poi esercitate questo ordine. Otterrete in cambio 10.300€ e restituite i 200€ che avevate preso in prestato. Vi rimangono 10.100€: 100€ in più rispetto alla cifra con cui eravate partiti senza alcuna perdita monetaria. Pertanto, indipendentemente da quello che potrebbe succedere, il massimo che potreste perdere è 700€.

Se i prezzi calano rapidamente

Se il prezzo cala a 90€, il trader a cui avete venduto le opzioni put vi potrebbe obbligare a comprare 100 azioni al prezzo di 97€ ciascuna azione. Vi verranno detratti 9.700€ dal vostro conto che contiene 10.800€, lasciando una somma di 1.100€. Dopodiché, obbligate qualcun altro a comprare da voi le azioni a un prezzo di 93€ ciascuna azione e riceverete così 9.300€. Questo vuol dire che avete sul vostro conto 10.400€, ovvero 400€ in più rispetto alla cifra con cui eravate partiti. Avete perso 400€, ma questo è il massimo che avreste potuto perdere in una situazione negativa sul mercato.

Che cosa succede se i prezzi aumentano rapidamente o calano rapidamente prima della data di scadenza?

Quindi, se le cose vanno male (se i prezzi aumentano o calano rapidamente e drasticamente) prima della data di scadenza, al massimo potreste perdere un totale di 1.100€. Quando prelevate questa cifra dai vostri 10.800€, perderete solo 300€ perché siete partiti con 10.000€ sul vostro conto. Questo vi protegge dal drastico movimento di un bene che consideravate stabile. Rischiare 300€ per ottenere 800€ sembra un ottimo affare a patto che le probabilità siano a vostro favore.

Spread a farfalla

Lo spread a farfalle è una strategia di trading molto complessa poiché può essere attuata in diversi modi. Se avete capito tutto quello che è stato spiegato e analizzato in precedenza, sarete in grado di comprendere i motivi che stanno dietro a questo tipo di strategia e come intraprenderla. Vi verranno descritte le diverse possibilità e modalità per unire e combinare insieme i differenti tipi di spread a farfalla, senza però andare troppo nel dettaglio né fare molti esempi. Questo semplicemente perché spiegare troppo nello specifico come e perché funziona la strategia e fare troppi esempi potrebbe essere eccessivo. Questa strategia avanzata richiederebbe almeno un capitolo intero per essere descritta in maniera dettagliata. Se siete interessati, potete fare delle ricerche su Internet dove troverete numerose fonti accessibili che analizzano nel dettaglio le diverse combinazioni possibili della strategia.

Dovrete spremervi le meningi per capirla appieno e, se la doveste trovare eccessivamente complicata, non preoccupatevi, prima o poi la capirete. Dovete solo abituarvi a questo nuovo modo di pensare e riflettere.

Definizione

La strategia a farfalla combina lo spread al rialzo e quello al ribasso, limitando i profitti e i rischi esattamente come nella strategia di credit spread. Nello spread al rialzo, il trader crede che il prezzo aumenti e per questo si serve di un determinato numero di opzioni per bloccare il suo profitto e limitare i rischi. Nello spread al ribasso, il trader crede che il prezzo diminuisca, così si serve di una combinazione di opzioni per limitare i rischi bloccare il profitto. È una forma di strategia di spread. Solitamente vengono combinate quattro opzioni put e quattro opzioni call che condividono tutte quante lo stesso bene finanziario e la stessa data di scadenza. Esattamente come nella maggior parte delle strategie di spread, lo scopo è quello di guadagnare dal minimo movimento di prezzo del bene sottoscritto. Solitamente, lo spread a farfalla comprende tre prezzi di esercizio: uno più alto, uno at-the-money e uno più basso. Quello più alto e quello più basso sono equidistanti rispetto al prezzo di esercizio at-the-money. Per esempio, se il prezzo di esercizio at-the-money è di 100€ e quello più alto è 110€ (10€ in più), il prezzo di esercizio più basso sarà di 90€ (ovvero 10€ in meno).

Tipi di spread a farfalla

Il primo tipo è la strategia a farfalla long call, ovvero una strategia di spread in cui scrivete due opzioni at-the-money. Poiché queste opzioni sono solitamente costose, potreste racimolare sul vostro conto una ingente somma di denaro in prezzi premium. Per ridurre i rischi, potreste poi comprare un'opzione call in-the-money che presenta un prezzo di esercizio basso; dopodiché, potreste comprare un'opzione call out-of-the-money che presenta un prezzo di esercizio alto. Questo vuol dire che guadagnerete di più quando il prezzo del bene finanziario sottoscritto è lo stesso prezzo delle opzioni call che avete comprato. Il massimo che potreste perdere coincide con la somma che avete speso per i premium.

La strategia a farfalla short call si ha quando vendete un'opzione call in-the-money che presenta un prezzo di esercizio minore e un'opzione call out-of-the-money con un prezzo di esercizio alto e infine comprate due opzioni at-the-money. Otterrete un profitto nel momento in cui il bene finanziario sottoscritto varrà di più del prezzo di esercizio più alto, o meno rispetto al prezzo di esercizio più basso. Il profitto massimo che potreste guadagnare lo ricaverete dai prezzi premium che otterrete dalla vendita delle opzioni.

Un'ulteriore strategia è lo spread a farfalla long put, che si attua mediante un'opzione put con un prezzo di esercizio basso e un'opzione put che ha un prezzo di esercizio più alto. Il prossimo passaggio è vendere due opzioni put che sono at-the-money. Questo è il contrario rispetto a quello che succede con l'opzione long call e potrete ottenere il massimo profitto da questa posizione quando il prezzo di esercizio del bene finanziario sottoscritto rimane uguale a quello delle opzioni put at-the-money.

Il massimo che potreste perdere è causato dal debito che potreste contrarre all'inizio con l'acquisto dei premium.

La strategia short put è il contrario della strategia a farfalla short call. Potete attuarla attraverso la vendita di un'opzione put out-of-the-money per un prezzo di esercizio basso e di un'opzione put in-the-money con un prezzo di esercizio alto. Dopodiché, comprate due opzioni put at-the-money. Il massimo profitto che potrete ottenere lo ricaverete dai premium che riceverete, mentre le opzioni put esterne servono per limitare la somma di denaro che potreste perdere.

Una strategia iron butterfly giunge nel momento in cui comprate un'opzione put out-of-the-money con un prezzo di esercizio basso e un'opzione out-of-the-money con un prezzo di esercizio alto. Al centro, avete un'opzione call at-the-money e un'opzione put at-the-money. Di solito i trader si servono di questa strategia per trarre vantaggio dal mercato che ha una bassa volatilità. Questo vuol dire che se il prezzo rimane a metà, si ritroveranno in una posizione più redditizia. Il massimo che potrebbero guadagnare da questa strategia lo ricaveranno dai prezzi premium.

Una strategia iron butterfly è l'inverso della strategia spread iron butterfly. In sostanza, dovrete vendere un'opzione put out-of-the-money e un'opzione call out-of-the-money a un prezzo di esercizio più alto. Dopodiché, dovrete comprare un'opzione put at-the-money e un'opzione call at-the-money. All'inizio della negoziazione vi ritroverete con meno soldi rispetto a quanti ne avevate quando avete iniziato. Tuttavia, se il mercato è particolarmente volatile, ci sono buone probabilità di guadagno: otterrete un profitto quando il prezzo del bene sottoscritto supera di molto i prezzi di esercizio. Il vostro rischio sarà poi limitato dalla somma che spenderete nel momento in cui deciderete di intraprendere la negoziazione. Tuttavia, potreste perdere molto più di quello che andrete a spendere con questa strategia.

Questo è tutto per quanto riguarda le strategie di trading, esempi limitati, ma semplici e chiari.

Dovete tenere a mente che in situazioni reali ci saranno altri costi, come commissioni e tasse, soprattutto quando uno si impegna in numerose negoziazioni. Quindi, quando decidete di intraprendere una negoziazione, dovete tenere sempre in considerazione tanto i possibili profitti, quanto le possibili perdite. Su Internet esistono numerosi strumenti che vi possono aiutare a calcolare quanto potrebbe costarvi un affare. Alcune piattaforme di trading offrono strumenti come questi che rendono il processo più facile e veloce.

Conclusioni

È stato un viaggio lungo, ma utile ed esaustivo. All'inizio avete conosciuto la terminologia generale utilizzata nel mondo finanziario e sono state introdotte le origini del day trading. Dopodiché, l'attenzione si è spostata sul come intraprendere il day trading attraverso l'analisi delle varie opzioni e strategie. Le opzioni non sono altro che contratti o accordi che sottintendono un bene finanziario. Avete anche appreso che esistono diversi tipi di opzioni che esplorano differenti mercati e che possono essere messe in pratica attraverso numerose strategie. Inoltre, sono stati apportati esempi che spiegano meglio i modi in cui queste strategie possono essere attuate per ottenere un profitto, limitando però il rischio. Nell'ultimo capitolo sono state analizzate le diverse strategie che potrete attuare quando inizierete con l'opzione di trading che più preferite.

Grazie per l'attenzione!

Riferimenti

Chen, J. (29 Gennaio 2020). Opzione obbligazionaria. Recuperato da https://www.investopedia.com/terms/b/bondoption.asp

Chen, J. (29 Gennaio 2020). Opzione su valute. Recuperato da https://www.investopedia.com/terms/c/currencyoption.asp

Chen, J. (5 Febbraio 2020). Definizione del day trader. Recuperato da https://www.investopedia.com/terms/d/daytrader.asp

Chen, J. (2 Marzo 2020). Contratti futures. Recuperato da https://www.investopedia.com/terms/f/futures.asp

Chen, J. (20 Febbraio 2020). Come funziona la strategia di bull call spread. Recuperato da https://www.investopedia.com/terms/b/bullcallspread.asp

Chen, J. (2 Marzo 2020). Fondo su indici. Recuperato da https://www.investopedia.com/terms/i/indexfund.asp

Chen, J. (2 Marzo 2020). Definizione di straddle. Recuperato da https://www.investopedia.com/terms/s/straddle.asp

Chen, J. (29 Gennaio 2020). Definizione di piattaforma per il trading. Recuperato da https://www.investopedia.com/terms/t/trading-platform.asp

Chen, J. (29 Gennaio 2020). Qualunque sia la fluttuazione delle azioni, la strategia strangle può spremere un profitto. Recuperato da https://www.investopedia.com/terms/s/strangle.asp

Dhir, R. (29 Gennaio 2020). Come funziona un ordine di mercato. Recuperato da https://www.investopedia.com/terms/m/marketorder.asp

Downey, L. (29 Gennaio 2020). 10 strategie di opzioni da sapere. Recuperato da https://www.investopedia.com/trading/options-strategies/

Downey, L. (22 Aprile 2020). La guida fondamentale per le opzioni di trading. Recuperato da https://www.investopedia.com/options-basics-tutorial-4583012

Folger, J. (4 Aprile 2020). Le 10 regole fondamentali per una negoziazione perfetta e proficua. Recuperato da https://www.investopedia.com/articles/trading/10/top-ten-rules-for-trading.asp

Ganti, A. (2 Marzo 2020). Definizione di strategia di covered call. Recuperato da https://www.investopedia.com/terms/c/coveredcall.asp

Ganti, A. (2 Marzo 2020). Definizione di strategia di credit spread.Recuperato da https://www.investopedia.com/terms/c/creditspread.asp

Ganti, A. (13 Marzo 2020). Volatilità implicita – 4 suggerimenti per comprare al ribasso e speculare al rialzo. Recuperato da https://www.investopedia.com/terms/i/iv.asp

Ganti, A. (19 Marzo 2020). Definizione di prezzo di esercizio. Recuperato da https://www.investopedia.com/terms/s/strikeprice.asp

Gordon Scott, C. (29 Gennaio 2020). Definizione di strategia married put.
Recuperato da https://www.investopedia.com/terms/m/marriedput.asp

Hayes, A. (10 Aprile 2020). Il bond: strumento di debito. Recuperato da https://www.investopedia.com/terms/b/bond.asp

Hayes, A. (2 Marzo 2020). Definizione di coefficiente di sensibilità delle opzioni.
Recuperato da https://www.investopedia.com/terms/g/greeks.asp

Hayes, A. (27 Aprile 2020). La leva finanziaria. Recuperato da https://www.investopedia.com/terms/l/leverage.asp

Hayes, A. (22 Aprile 2020). Le azioni. Recuperato da https://www.investopedia.com/terms/s/stock.asp

Kennon, J. (9 Aprile 2020). Come trarre profitto dal calo dei prezzi azionari. Recuperato da https://www.thebalance.com/how-falling-stock-prices-can-make-you-rich-358152

Kenton, W. (29 Marzo 2020). Gli input e gli output degli strumenti finanziari. Recuperato da https://www.investopedia.com/terms/f/financialinstrument.asp

Kramer, M. J. (2 Marzo 2020). Definizione di ordine a limite. Recuperato da https://www.investopedia.com/terms/l/limitorder.asp

Kuepper, J. (2 Marzo 2020). Opzione call (di acquisto). Recuperato da https://www.investopedia.com/terms/c/calloption.asp

Kuepper, J. (7 Aprile 2020). Un'introduzione al day trading. Recuperato da https://www.investopedia.com/articles/trading/05/011705.asp

Kuepper, J. (18 Marzo 2020). Definizione di opzione put (di vendita). Recuperato da https://www.investopedia.com/terms/p/putoption.asp

Kuepper, J. (13 Marzo 2020). Volatilità. Recuperato da https://www.investopedia.com/terms/v/volatility.asp

Majaski, C. (10 Aprile 2020). La differenza tra ordine a limite e ordine stop. Recuperato da https://www.investopedia.com/ask/answers/04/022704.asp

Milton, A. (9 Aprile 2020). Come fluttuano i prezzi di acquisto e di vendita sui mercati? Recuperato da https://www.thebalance.com/how-market-prices-move-through-buying-and-selling-1031049

Mitchell, C. (29 Gennaio 2020). Definizione e variazioni dello spread a farfalla. Recuperato da https://www.investopedia.com/terms/b/butterflyspread.asp

Mitchell, C. (5 Febbraio 2020). Definizione e utilizzi del forex (FX). Recuperato da https://www.investopedia.com/terms/f/forex.asp

Mitchell, C. (15 Aprile 2020). Come funzionano le opzioni in-the-money (ITM). Recuperato da https://www.investopedia.com/terms/i/inthemoney.asp

Mitchell, C. (16 Aprile 2020). Definizione ed esempi di opzione out-of-the-money (OTM). Recuperato da https:/www.investopedia.com/terms/o/outofthemoney.asp

Mitchell, C. (7 Aprile 2020). Che cosa significa essere rialzista e che cosa significa essere ribassista? Recuperato da https://www. thebalance.com/what-do-long-short-bullish-and- bearish-mean-1030894

Nickolas, S. (29 Gennaio 2020). Qual è la differenza tra strategia di credit spread e strategia di debit spread? Recuperato da https://www.investopedia.com/ask/answers/042215/whats-difference-between-credit-spread-and-debt-spread.asp#credit-spreads

Scott, G. (29 Gennaio 2020). Definizione di strategia buy-write. Recuperato da https://www.investopedia.com/terms/b/buy-write.asp

Scott, G. (29 Gennaio 2020). Definizione di opzione su contratti futures. Recuperato da https://www.investopedia.com/terms/o/options-on-futures.asp

Scott, G. (29 Gennaio 2020). Definizione di psicologia del trading. Recuperato da https://www.investopedia.com/terms/t/trading-psychology.asp

Yu, J. (29 Gennaio 2020). 5 metodi base per la gestione del rischio. Recuperato da https://www.investopedia.com/articles/investing-strategy/082816/methods-handling-risk-quick-guide.as

www.ingramcontent.com/pod-product-compliance
Lightning Source LLC
Chambersburg PA
CBHW070657220526
45466CB00001B/469